ちくま新書

地方メディアの逆襲

松本 創
Matsumoto Hajimu

1623

地方メディアの逆襲【目次】

はじめに

マスメディア不信の時代が長く続いている。ネットを眺めれば、新聞の部数減少やテレビの視聴率低迷をはじめ、「オールドメディア」の衰退を伝える記事は枚挙に暇がなく、SNSには報道批判が溢れている。

「大事なことを報じない」「恣意的な切り取り」「偏向・歪曲」といった記事内容や視点への批判。「見出しがミスリード」「紋切り型のレッテル貼り」「安易な両論併記」という表現上の不満。「権力を追及・批判しきれていない」「忖度や癒着しているのでは」など取材姿勢の物足りなさ。中にはあまり根拠のない感情的反発や陰謀論の類いもあるが、概ね共通しているのは「既存のメディアは自分たちを代表していない」「望ましいジャーナリズムが実現されていない」という不信感、つまり市民感覚からの乖離ではないだろうか。

だが多くの場合、そこで問題とされるのは、新聞なら全国紙、テレビならNHKと民放キー局だ。日本新聞協会に加盟するブロック紙・地方紙・地域紙は75社、日本民間放送連盟に加盟の地方テレビ局は122局あるが、*その報道が俎上に上ることは多くない。地方メディアは当然ながら地域限定のニュースが多く、ネット展開もまだ十分ではないから仕方ない面もあるが、あまり注目されないのはもったいない気がしている。

そんなふうに感じるのは、自分自身が地方紙記者として14年勤め、その役割や存在意義を信じていることもあるし、フリーランスに転じて15年になる現在も神戸という一地方都市に暮らしながら、日々接するニュースがあまりにも首都圏＝中央目線に偏っていると違和感を抱いてきたこともある。

「地方発」のニュースに接して、「ああ、同じようなことがうちの地域にもあるな」と感じたことはないだろうか。ある地域で報じられた事象は全国に先駆けて起きているかもしれないし、各地で同時多発的に生じている場合もある。その背景や構造的要因を探れば、国の政治・行政や社会全体の問題があぶり出されることも珍しくない。

大阪を拠点に北朝鮮の内情や中国・朝鮮半島情勢を深く取材する石丸次郎さんというビデオジャーナリストがいる。以前あるトークイベントで同席した際、彼が語っていた。マスメディア関係者に会うと、「なんで東京に来ないの？」「国際報道をやるなら東京だ」とよく言われる、と。石丸さんはこう答える。

〈社会を見つめる眼は複眼・多眼である方がよいに決まっている。一方向から見ただけでは、光の当たらない陰影や凹凸があることはわからない。私は「非東京の眼」でありた

い〉

　これほど明快に、地方発ニュースの意義を説いた言葉を知らない。「情報発信の東京一極化にささやかでも抵抗したい」という石丸さんに、私も深く共感する。

　本書は２０１８年以降の数年間に話題や議論を呼んだ地方発の報道・作品を取り上げ、20年夏から1年間、『ｗｅｂちくま』で断続的に連載したルポをまとめたものだ。取材は19年から20年にかけて行った。新聞3紙とテレビ3局を訪ね、担当した記者やディレクター、報道幹部らにじっくり話を聞かせてもらった。

　国政では第二次安倍政権の末期から新型コロナ禍の混乱を挟み、菅政権へと引き継がれていった時期だ。権限と情報を官邸に集中させ、「安倍一強」と言われた長期政権の下、メディアと権力の関係、報道機関のスタンスが厳しく問われていた。

　そういう状況も多分に意識して、連載コンセプトにこう書いた。

〈地方にいるからこそ、見えてくるものがある。東京に集中する大手メディアには見過ご

＊日本新聞協会の会員社のうち、全国紙とその地域本社、業界紙、放送局などを除いた新聞社の数。日本民間放送連盟の会員社のうち、キー局、ラジオ単局、衛星放送局などを除いたテレビ局の数。

されがちな、それぞれの問題を丹念に取材する地方紙、地方テレビ局。彼らはどのような信念と視点を持ってニュースを追いかけるのか？　報道の現場と人を各地に訪ね歩く〉

さらに連載初回となった秋田魁新報編のリードには、〈彼らの言葉を通して、「地方にこそジャーナリズムが生きている」ことを報告する〉と記している。

地方メディアゆえの強みとは何か。取材を始めるにあたって私は大きく三つの点を念頭に置いていた。

まずは「現場があること」だ。災害や事件事故、地方政治や選挙はもちろんのこと、米軍基地や自衛隊など安全保障上の問題も、教育や労働や福祉といった生活に関わる政策も、今なら新型コロナ禍の治療と感染対策も、政府の方針は東京の永田町や霞が関で決まるとしても、それが実行される現場は地方にある。現場があるということは、具体的な課題や困難に直面する人びとがそこにいるということだ。

次に「時間軸が長い」こと。地方メディアの記者は取材エリアである都道府県や地域から基本的に離れることがないため、一つの取材対象を長い時間かけて追いかけ、向き合うことができる。それが独自の視点でニュースを掘り起こす調査報道につながったり、地域史の中に一つの潮流やストーリーを浮かび上がらせたりする。記者から記者へ取材が引き継がれ、何年も後に新たな事実や証言がつかめる場合もある。

そして「当事者性を帯びている」こと。一般に取材者というのは当事者になり得ず、客観性を求められるものだが、地方メディアの記者は地域に暮らす生活者、共同体の一員でもある。地元の政治行政や地域課題に対し、当事者もしくはそれに近い視点を持ち、仕事を離れた人間関係もさまざまあるだろう。「住民目線」や「生活者感覚」に立脚して取材・報道するという軸足の置き場が明確なのだ。

ただ、これらはかつて地方紙の記者だった私の実感と、「そうあってほしい」という願望も含む、いわば仮説だ。実際の現場にいる取材者たちが「地方からの報道」をどう考え、どんな言葉で語っているかは、本編のルポを読んでいただきたい。

先述した地方メディアの役割や報道姿勢は、実は何も目新しいことではなく、多くの新聞社やテレビ局が「地域密着」「郷土の発展に尽くす」「県民に奉仕する」といった言葉で報道指針に掲げている。だが、スローガンで一言に丸めてしまうと、それがいったいどういうことなのか、ほとんど伝わってこない。

マスメディア不信の一因は取材・報道の過程が見えないことにあると言われる。記者は何に疑問や問題意識を持ち、どのように取材しているか。社内ではどんな議論や判断が行われているか。そもそも報道に関わっているのは、どんな人たちなのか。

この本では、そんな「地方メディアのリアル」を描いた。

地方発の報道にはまだまだ可能性がある。地方の眼だから見える社会や伝えられる現実がある。マスメディアの信頼を取り戻すヒントは、地方にこそある——。彼らの報道姿勢と言葉から、そのことを感じてもらえればさいわいだ。

登場人物の肩書、年齢はＷＥＢ掲載時のものである。

第1章

秋田魁新報　イージス・アショア計画に迫る

2020年6月15日、河野太郎防衛大臣は、陸上配備型迎撃ミサイルシステム「イージス・アショア」を秋田県と山口県に配備する計画を停止すると表明した。同24日には政府が正式に計画を撤回。国家安全保障政策の大きな柱であるミサイル防衛が見直されることになった。

河野大臣は、ミサイル打ち上げの際に切り離す推進装置「ブースター」の落下で安全が確保できないことを理由に挙げたが、最初に流れを大きく変えたのは19年6月、秋田魁新報のスクープだった。防衛省が作成した調査報告書にずさんなデータに基づく誤りがあることを指摘し、同年度の新聞協会賞にも選ばれたこの報道は、どのように生まれたか。

地方メディアの現場を訪ね歩く取材で同紙の記者たちと会ったのは、スクープから約3カ月後のこと。この時点ではまだ配備計画は消えておらず、取材班は次の展開を注視していた。彼らの言葉を通して、「地方にこそジャーナリズムが生きている」ことを報告する。

1 取材方針「やれることは何でもやる」

†取材の焦点に浮上した「荒地」

秋田県庁から車で10分弱。砂防林と風力発電の風車ぐらいしか目につくものがない日本海沿いの道を行くと、陸上自衛隊秋田駐屯地の施設「新屋《あらや》演習場」の入口が現れた。上空にヘリコプターの飛来音を感じる。フェンス際に車を寄せながら、運転席の松川敦志(48)がつぶやいた。

「ああ、ちょうど降下訓練やってますね。ここを使ってるの、めったに見ないんですが」

地元紙・秋田魁新報で「イージス・アショア配備問題」取材班のキャップを務めるベテラン記者。私が訪ねた2019年9月時点では、社会地域報道部所属の編集委員だった(現在は同部長)。松川によれば、新屋演習場の名前や存在を知る市民は、近隣住民を除けば、以前はほとんどいなかったという。南北2km、東西800mの細長い土地だが、周囲を松林に囲まれた砂丘。ただの荒地だ。気に留める者は誰もいなかった。

配備候補地となった新屋演習場

その荒地が突然、取材の焦点に浮上したのは17年秋のことだ。

同年11月11日、読売新聞が〈陸上イージス　秋田・山口に〉と特報。5日後には、共同通信が「配備候補地は秋田の新屋演習場と山口のむつみ演習場」とする政府関係者への取材記事を配信した。秋田魁にとっては、全国紙の東京本社発で降ってわいた大ニュース。読売の一報を受け、取り急ぎ地元反応をまとめた記事には、新屋演習場に09年、「地対空誘導弾パトリオット（PAC3）」が一時配備されたことが記され、荒地にぽつんと置かれた発射機の写真もある。だが、それよりはるかに巨大な、「イージス・アショア」なる未知のミサイル迎撃システムが建設されようとしている――。

松川たち秋田魁新報取材班の報道は、そこから手探りで始まっていった。

車を降り、フェンス越しに見る演習場は、松林の足下にススキが生い茂る文字通りの荒地だ。砂利道が延びる先に砂丘が開けているのだろう。上空をヘリが旋回し、飛び去っては、しばらくしてまた戻ってくる。その行方を見やり、松川が言う。

「少し先に陸自の駐屯地があるんですが、秋田にとって安全保障や防衛問題は遠い話でした。この演習場は、うちの社屋から直線距離で1km余り。窓から見えるぐらい近いのに、本当に影の薄い場所で、意識したこともない。なぜ秋田に？　なぜこんな市街地の近くに？　というのが、最初から現在まで一貫した疑問です」

車で演習場の南に回ると、松林を背に住宅街が広がり、保育園と幼稚園、小中学校、高校、福祉施設も建っている。5400世帯1万3000人が暮らす新屋勝平地区。ここで生まれ育って70年になる地区振興会の佐々木政志会長によれば、計画が浮上した当初、住民は戸惑い、意見は割れたという。

「まず、ミサイル迎撃システムと言われてもピンと来ない。保守が強い土地柄でもあり、「国が決めたことを覆せるはずもない」「説明会を聞いて判断したらいい」という声もありました。しかし、有事の際に地区が標的になる不安はぬぐえない。レーダーの電波や落下物の影響もあるかもしれない。子や孫の代にまで関わる問題なのに、議論や判断ができる情報が何もなかったんです」

報道だけが先行し、防衛省からも、県や地元議員からも一向に説明がない時期が続いた。住民の間に広がる困惑と不安を、地域を回る秋田魁の記者たちは感じ取っていた。泉一志・統合編集本部長（54）は、取材の「エンジンがかかった」場面をこう振り返る。

「私たちもわからないことだらけで一から勉強でしたから、軍事専門家の講演や市民団体の勉強会を聞きに行きました。すると、秋田魁の記事の切り抜きを手にした方が何人もおられるんです。そうか、これが新聞の役割だと。手ごわいものや大きな権力が相手でも、市民の代わりに取材し、疑問や知りたいことに答えていく。それこそが記者の使命なんだと原点を再確認しました。私だけじゃなく、複数の記者が同じ経験をしています」

イージス・アショアの配備計画が明らかになる直前、初来日したアメリカのトランプ大統領は、「安倍首相は大量のアメリカ製軍事装備を購入するだろう。そうすればミサイルを上空で撃ち落とせる。アメリカには雇用が生まれ、日本はより安全になるだろう」と述べていた。太平洋を挟んで中国や北朝鮮やロシアと対峙するアメリカの意向を受けて、首相官邸や防衛省が動き、それを全国紙が報じる。

彼らにとって「秋田」や「新屋」は、書類上の地名に過ぎないだろう。だが、地元紙は違う。徹底して地域に立脚し、その視座から世界の安全保障問題に向き合っていくしかない。〝空中戦〟にさせず、地に足の着いた住民目線に引き寄せることだ。
イージス・アショアについて日本で一番詳しい新聞になろう。そのためにやれることは何でもやろう——。泉は取材方針をそう掲げた。

†「秋田が軽んじられている」

計画が浮上した日、防衛省や佐竹敬久・秋田県知事へ確認取材に当たったのは、政治経済部で県政担当だった石塚健悟（38、現・社会地域報道部）だ。しかし防衛省の報道室は「何も決まっていない」とにべもなく、海外出張中だった佐竹知事は「本県へ配備するとなれば事前に政府から話があると思われる。正式な話を受けたうえで対応する」と文書でコメントを出すのみだった。

佐竹知事は「候補地は新屋演習場」と報じられて以降も、国から連絡は一切ないと言い続けた。「国有地であり、県としてどうこう言えない」と、まるで受け入れやむなしとも取れるコメントを当初はしている。県庁生え抜きで、秋田市長を経て知事となった佐竹は、自民党の支持を受け、盤石の体制で3期目に入っていた。秋田出身の菅義偉官房長官と携帯電話でやり取りする仲であり、おまけに軍備や防衛問題に精通していると自負する。常識的に考えて、何も連絡がないことはあり得ない。

だが、知事が明言しない以上、周辺から掘り下げるしかない。17年秋から18年前半にかけて、石塚はさまざまな角度からイージス・アショアに迫ろうと試みた。

たとえば、元自衛隊幹部や研究者へのインタビュー。「秋田配備に合理性はない」という見解を引き出した。政府が候補地を明らかにしないまま、イージス・アショア導入と7億円以上の予算案を閣議決定した際には、地元置き去りの不透明な政治を批判する解説記事を書いた。もう一つの候補地とされた山口県萩市を訪ねたルポでは、演習場が市中心部から車で40分も離れた山林にあることを報告し、秋田の新屋がいかに生活圏に近いかを指摘した。

石塚だけではない。東京支社では記者が国会の代表質問から各委員会まですべてチェックし、「イージス・アショア」の文言が出れば、やり取りを一字一句書き起こした。防衛省記者会には加盟していないため、会見予定を逐一問い合わせ、幹事社の了解を得て参加した。秋田市政担当記者たちは、地域住民の反応をフォローしつつ、市議会・県議会の議員に賛否を聞いて回った。

報道を途切れさせてはならない。その思いが記者たちを動かしていた。やれることはすべてやる、と。

私が取材で向き合った石塚は、物静かで謙虚な語り口だった。記者になって13年目。入社動機を聞けば、「実は、「でもしか記者」なんです。高校の国語教員志望だったんですが、採用試験がうまくいかず、たまたま秋田魁の募集を見まして……」と苦笑する。だが、一連の取材の中で自身の転機はいつだったかと問うと、一瞬、言葉に感情をにじませた。

18年6月1日、防衛省の福田達夫政務官が初めて秋田県庁を訪れた日のことだ。福田は佐竹知事と面会し、新屋演習場を最適候補地として調査に入ると告げることになっていた。第一報から半年以上経ってようやく訪れた重大局面。石塚たちは固唾を呑んで見守った。

ところが、意に反して福田の口調はきわめて軽かった。資料を見ながらの説明は、「なぜ秋田と山口か」という疑問にまったく答えていないばかりか、新屋「演習場」を新屋「駐屯地」と何度も言い間違えた。事前の取材で知事は「なれ合いは嫌だ」と厳しく臨む姿勢を見せ、県庁や防衛省の担当者も「終了時間は決めていない」と言っていたが、ふたを開けてみれば友好ムードすら漂い、福田はたった40分で帰って行った。別れ際には、関係のない話題で笑顔を見せて。

石塚は失望した。県民の不安に答える、予定調和なしの議論を期待していたのに……。

「福田政務官のなんとも軽い態度は、住宅地の近くに配備する重大性の認識が欠けているからだと思いました。それまでも薄々感じていたことですが、ああやっぱりかと確信に変わった場面です」

静かな語りに感情がにじみ出るのを見て取り、私は問いを重ねた。その時の気持ちを、あえて言葉にすればどうなるか――。

「怒り、ですね。軽んじられている、という。彼らは秋田を、われわれ秋田の人間を軽んじていた」

†米司令官が語っていた「ブースター落下」

3カ月半後の18年9月中旬、石塚は東欧出張に旅立った。行き先は世界で唯一、イージス・アショアが配備されているルーマニアと、建設が進むポーランド。この2基で欧州全体をカバーするという。防護面積は、日本に同じく2基を置いた場合の10倍以上になる。「地球上に先行配備地があるなら見に行くしかないだろう」という考えは、泉が早くから口にしていた。石塚も同感だったが、不安も大きかった。

大半の地方紙には海外支局などの取材拠点はもちろん、海外取材の機会すらほとんどない。地元団体の視察に同行する程度のことはあっても、独自にニュースを追って取材先と交渉し、日程を組んで海外へ飛ぶことなど、めったにない。このあたりの事情は、同じく地方紙の記者だった私もよくわかる。「まずどこに連絡すればいいのか、というところからでした」と石塚は振り返る。

最初の手掛かりは、Ｆａｃｅｂｏｏｋで見つけた「イージス・アショア・ルーマニア」のアカウントだった。英語に堪能な後輩記者にメッセージを送ってもらうと、イタリアに駐留する米海軍の広報担当者に依頼してくれとアドレスが送られてきた。再び後輩記者が取材依頼メールを送り、2カ月ほど待った頃、ようやく返信があった。「今、ルーマニアのデベセル基地と調整している。今のところ、早くて5月末」――。ところが、そこから日程調整が難航し、結局9月にずれ込んだのだった。通訳の手配や現地の村役場取材など、すべてが固まるまで、最初のメール送信から半年余りかかった。

ポーランドの取材は幸運にも、足下から広がった。同国出身で、日本人女性と結婚して秋田県内に住むマイケル・タベルスキ氏に協力を依頼すると、快く引き受けてくれたのだ。ソーセージやハムの製造販売を手掛ける経営者のタベルスキ氏に、地元の政治が絡む取材への協力を依頼するのは気が引ける面もあった。しかし彼は、「困ってる時、みなさんの役に立つことが、私が秋田に来た意味になる」と石塚に告げたという。

10日間に及んだ東欧取材から戻るとすぐ、石塚は記事執筆に取りかかった。「配備地を歩く　ルポ東欧の地上イージス」と題した全12回の連載は、手探りの不安な旅だったとはとても思えないほど、多方面に取材を尽くし、緊張感と臨場感にあふれている。

たとえば第1回、ルーマニアの人里離れた村から広大なデベセル基地を望み、初めてイージス・アショアを目にした光景は、こんなふうに描写される。

〈国道54号を南下し、村に近づくと、東方に角張った灰色の建築物が地平線にぼんやりと頭を出していた。車を止め、望遠レンズを付けたカメラでのぞいてみる。船体の上部を切り出したような金属質の壁面。現在、世界で唯一、実戦配備されている地上イージスだ〉

それは肉眼で見ると、「はるかかなたに小指の先ぐらいの突起が認識できる程度」だったという。紙面には450㎜の望遠レンズでとらえた写真が掲載された。

実際にそこへたどり着くには、三つの関門があった。まず約9平方kmに及ぶルーマニア軍基地、その中に米軍基地があり、さらにその中にイージス・アショア基地があるという配置になっているのだ。カメラとICレコーダーは禁止され、ノートとペンだけを持って基地の最深部であるデッキハウスに着くと、米軍司令官が言った。「ここが基地の中の、基地の中の、基地だ」。住宅街にむき出しで隣接する新屋とは、あまりにも環境が異なっていた。

石塚は報道関係者として初めてオペレーション室の内部へ足を踏み入れ、インタビューを行った。司令官は基地の機能と、ミサイルの誘爆やレーダーの電波などのリスクを説明する中で、ミサイル発射時のブースター落下にも言及した。

「統計に基づく落下予測はあるが、100%想定の範囲内に収まるとは言えない。最も確実な安全策は、基地の周りに住宅を造らないことだ」

日本政府がイージス・アショアの配備を断念する直接原因となったリスクを、石塚はこの時点で当該施設の司令官から引き出していたわけだ。

連載には基地周辺の地域も描かれた。デベセル村では、攻撃やテロの標的となるリスクよりも、雇用とインフラ整備をもたらすメリットが重視されていた。ポーランドのレジコボ基地に近い町では逆に、配備に伴う建築制限で経済損失が生じると試算されていたが、計画が長期化したために住民の関心は薄れていた。反対運動を続ける市民団体の代表は、「メディアが配備を批判的に報じない」と嘆いた。

新屋の空撮写真を見せると、賛成派であれ、反対派であれ、一様に驚かれた。「こんなに住宅地に近いのか。あり得ない」——。

年が明けて2019年、松川や石塚を中心に長期連載がスタートする。「住民目線」に徹して積み上げた報道の先に、防衛省と日本政府、そして世論を震撼させるスクープが生まれることになる。

2 「主張ありき」ではなく「ファクト」を

†沖縄の経験から読む『太平洋の盾』

Shield of the Pacific（太平洋の盾）――。アメリカを代表するシンクタンク「CSIS（戦略国際問題研究所）」が作成したレポートの表題に、秋田魁新報の松川敦志は思わず目を見張った。

副題は「巨大なイージス艦としての日本」。イージス・アショアの日本配備がどれほどアメリカの国防強化や軍事費削減に役立つか、1980年代の中曽根康弘元首相による「不沈空母」発言を引き合いにして、赤裸々に綴られていた。

日本政府は「北朝鮮の脅威から国土・国民を守るため」と説明するが、どうも腑に落ちなかった。真の目的は何か。ネット検索を繰り返し、米連邦議会の議事録などを読み漁っていく中で、このレポートを見つけたのだった。

「いや、英語なんて全然得意じゃない。いちいち辞書を引きながらですよ」と笑うが、松川には一つの目算があった。

「こういう日米の安全保障が絡む問題は、たとえば沖縄の普天間飛行場の移設先もそうですけど、日本政府が言うことと、アメリカ政府の考えていることが違う場合が多いんですよね。議事録を読むと、アメリカではもう2015年からイージス・アショアの日本配備の話が出ていた。日本では、イージスのイの字もなかった頃です。ああ、やっぱりアメリカ発の話なんだな、と。それを日本政府が国内向けに、国民に受け入れられやすいように、対北朝鮮だと後付けで説明している構図が見えてきたんです」

松川には通算4年の沖縄取材経験がある。1996年に新卒で秋田魁に入社して7年目、朝日新聞に移籍。主に東京社会部に在籍したが、その間、二度にわたって那覇総局に赴任している。一度目は、民主党の鳩山由紀夫政権時代、米軍普天間飛行場の移設問題を記者として取材した。二度目は、社内で最若手の総局長兼デスクとして翁《お》長雄志《ながたけし》知事の誕生に立ち会った。総局長でちょうど2年を迎えた時、秋田の母親が事故で大けがを負い、後遺症が残ってしまった。これを機に13年余り勤めた朝日を離れ、2016年に古巣へ戻ってきたという珍しい経歴の持ち主である。

「沖縄で起きていたことを秋田に当てはめると、いろんなことが見えてきました。それは一言で言えば、日本はアメリカの属国なんだな、ということです」

日本はアメリカの属国――。アメリカの利益とその意を受けた日本政府の政策で、地域住民の生活や安全が簡単に踏みにじられるということだ。日米安保は決して沖縄だけの問題ではない。

こうした問題意識をベースに、松川は後輩の内田隆之、石塚健悟らと19年の年明けから長期連載『盾は何を守るのか』をスタートさせた。初回の記事は、佐竹敬久知事の秋田県議会での答弁から書き出されている。「あれ、全部、アメリカです」。イージス・アショアの配備目的を地元の首長がどう認識しているかを象徴的に表す言葉である。

連載は、「太平洋の盾」の意味を読み解く第一部に始まり、新屋演習場の歴史、秋田と日米安保、首長と議会の動き、「地元の理解」とは何か……と続いていった。その中で松川が明確に意識した方針がある。一つは、主張ありきではなく、あくまでファクトを積み重ねること。もう一つは、誰かの意見を載せる際は発言者を実名で、できれば顔写真も入れること。

「沖縄の基地問題もそうですが、賛成・反対の立場が固まった人には、逆の意見を報じても届かず、立場が変わることもない。かえって反発を強め、自説に固執してしまう。であれば、どちらから見ても揺るぎないファクトを提示し、その意味や背景を解説すること。そして、批判的な意見であればあるほど、発言の責任を明確にすることが大事だと思うんです。そうでないと説得力を持たない。

よく「賛否真っ二つ」なんて言いますが、実際はそんなことなくて、どんな問題でも賛成3割、反対3割だとすれば、その中間に3～4割の無党派、態度未定の層が必ずいる。世論を動かすには、その層に訴える記事を書くことだと、これも沖縄の経験から学んだことですが」

社会が分断され、対話の成立しない時代といわれる。SNSでは人びとが党派的なクラスターに分かれ、各クラスター内では同質的な意見ばかり肥大する。匿名なら何でも言えると過激な主張や暴言に嗜癖する者がいれば、政治的発言を嫌って忌避したり、冷笑的態度に陥ったりする者もいる。今、新聞に何ができるのかを考える時、松川の指摘はきわめて重要に思える。

そうして連載を第5部まで終えた直後の19年5月27日、事態が大きく展開する。新屋演習場がイージス・アショア配備の「適地」であるとする調査報告書を防衛省がまとめ、秋田県に伝達したのである。

†防衛省「ずさんデータ」報道の内幕

その瞬間は直感だった、という。頭の中に、ふと小さな違和感が生じた。何かおかしくないか――。

19年6月3日の午前中、秋田県庁1階の記者室。松川は、防衛省が作成した「適地」報告書を広げていた。1週間前に配布された全101ページの書類は、すでに記者5人がかりで何度も読み込み、疑問点を検証する連載を始めていた。

住宅地との間に設けるという700mの緩衝地帯。新屋以外の19カ所を調査し、すべて「不適」とした代替地の検討。レーダーが発する電波の影響……。

だが、まだ何かあるはずだと松川は疑い、時間が空けばページを繰っていた。

この日、目を留めたのは、代替地の検討結果を記したページだ。近くに山がある国有地9カ所について地形の断面図が描かれ、山を見上げる「仰角」が大きいとレーダーの電波が遮られるという理由で、いずれも「不適」と結論づけられていた。

図を見比べるうち、奇妙なことに気づいた。男鹿市の国有地から見る標高712m*の本山と、由利本荘市などから見る標高2236mの鳥海山が同じ高さになっている。本山の図は高さが約3倍に強調されているのだろう。そこまではいい。しかし仰角はどうだ。本山の「約15度」も、鳥海山の「約15度」も、まったく同じ角度で描かれている。本山の図は高さが3倍になっているのだから、図面上の角度もそれに比例して大きく広がっていな

＊実際は715mだが、防衛省報告書では誤記されていた。

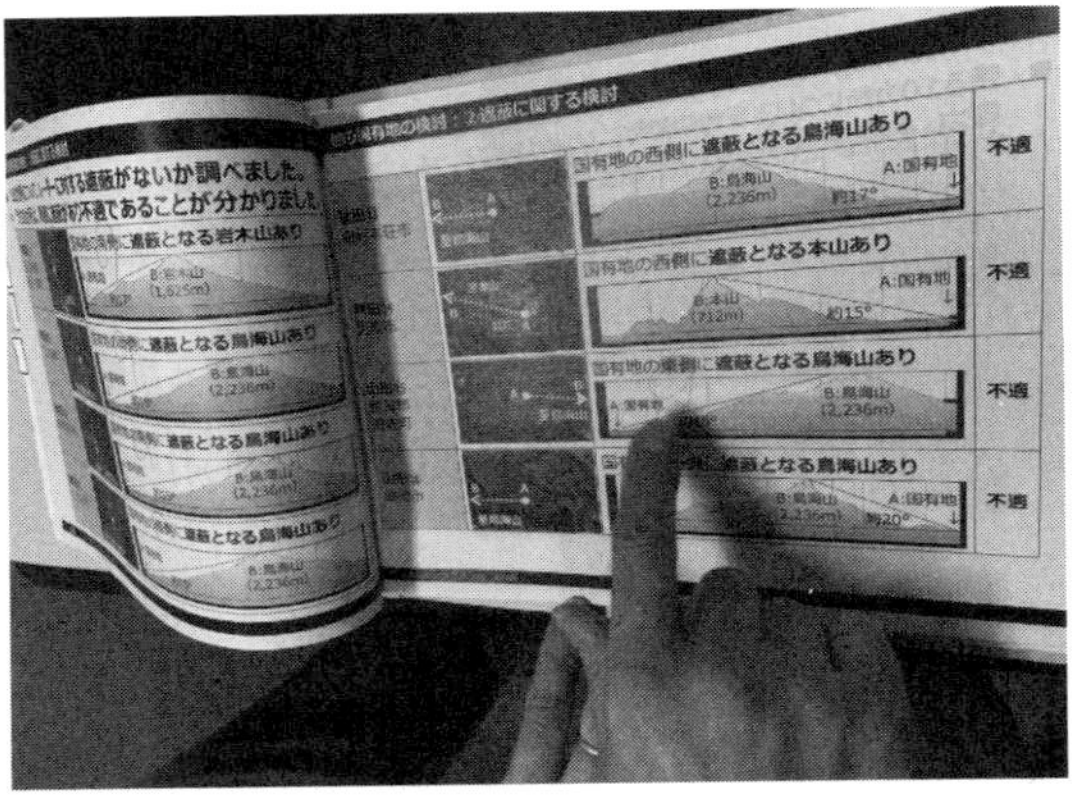

松川記者が誤りを発見した防衛省報告書のページ

いとおかしい。

若手記者に分度器を買ってきてもらい、断面図に当ててみる。図に示された数値と同じ15度だった。高さ3倍の図なのに？　疑念を強めた松川は、本山の標高と国有地からの水平距離約9600mをもとに、三角関数を使って角度を求めることを思いついた。ネット上の計算サイトに数値を入力すると、「約4度」と出た。図面と全然違う。いや、自分のミスだろうか。念のため2人の後輩記者に目的は言わず、数値だけを伝えて計算してもらう。2人の答えも「4度」だった。

どういうことだ？　報告書のデータが誤っている？　まさか……。ねじれた夢を見ているようだった。これ以上、頭で考えてもわからない。とりあえず現場へ向かった。

車で1時間ほどの男鹿市へ着いたのは午後4時頃。防衛省が代替検討地とした「秋田国家石油備蓄基地」の前に立ち、西に位置する本山を望むが、目測で仰角がわかるはずもない。やがて日が傾き始めた。本山の真上にある太陽を眺めるうち、ふと太陽高度と比較することを思いつく。スマホで見つけたサイトに現在地の緯度・経度と日付を入力し、時間ごとの太陽の角度を調べると、5時半過ぎにちょうど15度になるという。

1時間待ち、その時刻になったが、太陽はまだ本山のはるか上にあった。ところが、さらに1時間後、4度まで下がった太陽が山頂にぴったり重なる。息を呑んだ。当たりだ……。写真を撮り、社に取って返す。

勢い込んで泉一志・統合編集本部長ら上司に話したが、にわかには信じてもらえない。「自衛隊は測量技術も持つ専門家集団だ。公式の報告書でそんなミスをするのか」と指摘を受け、業者に測量を依頼することと研究者への確認取材を指示された。翌4日、後輩記者たちがこれを迅速にこなした。結果はいずれも「4度で間違いない」――。

松川は急いで質問状を作り、防衛省報道室にファックスで送信した。「本日中に回答を」と電話で念を押し、原稿に取りかかる。まだ早い夕刻、スマホが鳴った。防衛省報道室の担当者。「本日中の回答はできない」と言う。食い下がったが、返事は変わらない。だが、質問状の指摘を否定する言葉は一切なかった。事実上、誤りを認めたということだ。

6月5日、衝撃的なスクープが朝刊一面トップを飾った。〈適地調査　データずさん／防衛省、代替地検討で〉。リードを全文引用する。

〈イージス・アショア（地上イージス）の配備候補地を巡り防衛省が先月公表した「適地調査」の報告書に、代替地の検討に関連して事実と異なるずさんなデータが記載されていることが4日、秋田魁新報社の調べで分かった。電波を遮る障害になるとするデータを過大に記し、配備に適さない理由にしていた。秋田市の陸上自衛隊新屋演習場以外に適地はないとする報告書の信頼性が損なわれた〉

秋田魁新報は、新屋配備反対という「主張ありき」ではなく、報告書のデータミスという「ファクト」を突き付けて、防衛省の嘘を暴いたのである。

†報告書のミスを見抜けた理由

松川が報告書に疑問を持ってから報道に至る2日間の動きは、秋田魁新報取材班による書籍『イージス・アショアを追う』（同社刊）で詳細に描かれている。鋭い着眼と冷静な事実確認、そして素早い連携は、組織ジャーナリズムの真骨頂と言えるだろう。

とはいえ、私が実感としてわからなかったのは、そもそも松川がなぜ代替地の図面に着眼し、その誤りに気づけたのか、だ。彼の話を聞く前に、男鹿市の国有地に行ってみた。

西に横たわる本山は丘のようになだらかな地形で、なるほどレーダーの障害になるようには見えない。しかし、それは結果を知って見ているからだ。自分が当事者だったとして、太陽高度で確認しようという機転が、その場で働くとも思えない。そう松川に話すと、「今あらためて振り返ればですが」と、こんな答えが返ってきた。

「報告書が出てきた時、これは宝の山だと思ったんです。特に代替地の検討部分。防衛省が新屋ありきで進めていることは、それまでの取材でわかっていた。新屋が適地かどうかだけを調べる調査なら、本来ここは不要なはずです。極端な話、A4一枚のペラで「調査の結果、適地でした」と出してくることだってあり得た。ところが知事の要請もあり、防衛省は代替地を検討するフリをした。そのうえで、新屋だけが適地だと示そうとした。つまり、結論が先にあり、辻褄合わせのために作った資料だということです。そういう時は必ずどこかにほころびが出る、という見立てがまずあった。

19カ所も代替地を検討して、すべて不適なんてことは普通あるはずがないんです。山の仰角だけじゃなく、津波の危険とか、インフラ整備に時間がかかるとか、いろんな理由をもっともらしく挙げていますが、新屋の一番の問題点である住宅地の近接という検討項目はない。それを設ければ、真っ先に除外されるからです。絶対に何かある。そんなふうに疑いを持って読み込んだからじゃないでしょうか」

まず当局の発表を疑う。根拠は、積み上げてきた取材と、それを通して培った思考や視点だ。そして、検証する。あくまで現場に立脚し、ファクトを集めることによって――。「権力監視が報道の使命」と、多くの記者が言う。「これからは調査報道だ」と30年以上言われ続け、専門チームを置く全国紙もある。秋田魁は地元の住民目線に徹し、「なぜ?」を掘り下げることで、これを体現してみせたのだった。

「ずさんデータ」のスクープは、イージス・アショア配備問題の流れを大きく変えた。報道当日、秋田県議会・市議会の全員協議会で、防衛省は山の仰角を理由に不適とした9カ所すべてでデータが不正確だったと認め、謝罪した。受け入れやむなしの立場と思われた佐竹知事は態度を一変、「全部最初から。振り出しだ」と突き放した。

翌日には毎日新聞が一面トップで追いかけた。異例なことに、「一部報道で」と出所をぼかさず、秋田魁のスクープであることが明記されていた。続いてNHKが夜のニュースで詳報し、朝日新聞は社説で取り上げた。それまで秋田県内のローカルニュースだったのが全国に広まると、「あまりに稚拙だ」と防衛省への批判が巻き起こり、安倍首相は参院本会議で「地元の皆さまの不安や懸念を真摯に受け止めている」と述べた。

防衛省は迷走し、釈明は二転三転した。ミスの原因は、本省の職員がグーグルアースか

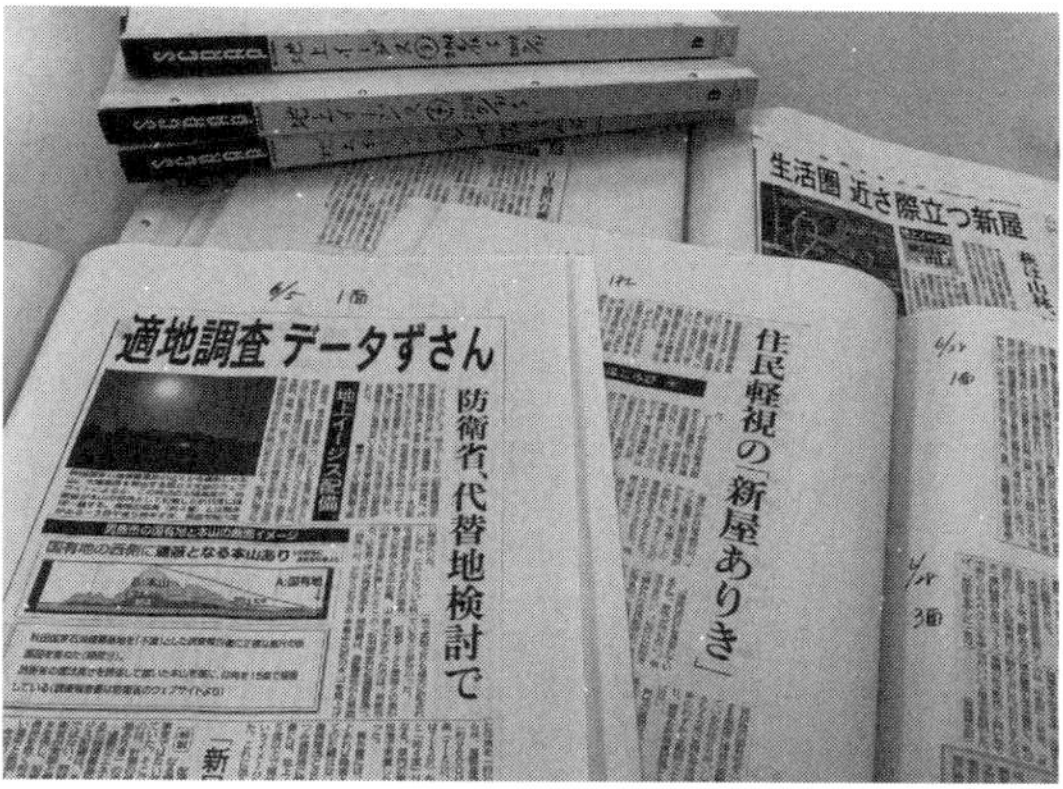

仰角のデータの誤りを指摘したスクープ紙面

ら作成した山の断面図を、高さと水平距離の縮尺の違いに気づかないまま使用したことにあるらしい。「三角関数で算出した」と言うが、それも疑わしい。「断面図に表れた見かけ上の角度を、単純に分度器で測ったのでは」と指摘する専門家もいる。いずれにせよ、半年間もかけながら、実地調査を行わず、陸自の地理情報部隊にも確認せず、省内のチェックも働かなかった。

しかし、それでも防衛省は「新屋ありき」を崩さない。報道を機に配備反対が鮮明になった地元の不信感は高まる一方だった。謝罪の場となった新屋勝平地区の住民説明会では、批判が続出する中、東北防衛局の職員が居眠りするという信じ難いことまで起こった。

「防衛省は一見低姿勢だけど、「これだけ説明してやってるんだから認めろ」という本音が常に透けて見えた。住民のことを考えてる態度ではないですよ、あれは」

同地区の佐々木政志会長は、私の取材に語った。そして、秋田魁の報道に対してはこう振り返る。

「取材がしつこくて、夜中に電話があったり、何度も同じことを答えて、まいったこともある。でも今となっては感謝してますよ。地元の声を全国に発信し、この問題に注目させてくれたことをね」

迷走を重ねた末、防衛省は配備候補地を再調査することになった。私が秋田を訪ねた19年9月の時点では6カ月半後、20年3月末に結果がまとまる見通しになっており、松川は「どんなものが出てくるか、見ものだなと思ってるんです」と語っていた。しかし結局、再調査結果が出てくることはなかった。

3　地方紙の「使命」とは何か

秋田魁新報

1874（明治７）年、前身の「遐邇新聞」創刊。現存する地方紙では山梨日日新聞、信濃毎日新聞に次いで３番目、全国紙を含めても５番目に古い。発行部数は約20万5000部。県内日刊紙シェアの50％近くを占める。

†今も息づく「蹈正勿懼」の精神

蹈正勿懼——正《せい》を蹈《ふ》んで懼《おそ》るる勿《なか》れ、と読む。１８７４（明治７）年、「遐邇《かじ》新聞」の名で創刊し、私が取材に訪れた２０１９年時点で１４５年。日本の日刊紙で屈指の歴史を持つ秋田魁新報が、現在の紙名になった明治20年代から掲げる社是である。

「秋田県知事や県庁に対するわれわれのスタンスも、その言葉に尽きます。斟酌するところは一切ありません」と、泉一志・統合編集本部長は断言する。

地方紙というのは地元の行政機関と持ちつ持たれつ、一蓮托生であり、本質的な批判はできない。知事をはじめ地域の権力者に対しては筆が鈍り、ひどい時には癒着する――そんな指摘がよくあるが、という私の質問に対する答えである。

秋田魁は、1889（明治22）年に当時の知事を批判して発行停止処分を受けている。正確に言えば、遐邇新聞から改題した「秋田新報」が発行停止となって廃刊したが、同じ会社が即座に後継紙として立ち上げたのが秋田魁新報である。昭和初期には、軍医の不祥事を報じた記事の取り消しを軍部から求められ、これを拒否して激しく対立した。一方、昭和の末期には、関連会社が経営するゴルフ場の改修工事を秋田県に施工させるという、まさに地元行政との癒着による不祥事があった。しかし、それを機に古い体質と経営陣は一掃され、90年代には食糧費問題、2000年代には空港ターミナルビルをめぐる接待問題で、知事と県政を厳しく追及するキャンペーンを展開した。

そんな自社の歩みをざっと説明すると、泉は「入社すると必ず教えられる「蹈正勿懼」の精神が、秋田魁の伝統を作ってきたのでしょう」と言った。聞けば1992年の入社。その前に数年間、別の仕事をしていたというが、地方紙の記者になったのは私と同じ年、つまり「同期」である。私自身は凡庸な記者で、14年でドロップアウトしたが、同期の記者が今、社を代表して報道姿勢を語っていることに不思議な感慨を覚えた。

イージス・アショア報道を牽引したキャップの松川敦志に初めて会ったのは、同紙取材班が日本ジャーナリスト会議（ＪＣＪ）賞を受けた19年8月、東京で行われた表彰式でのことだ。

受賞スピーチで松川は、一連の報道で意識した点を三つ挙げた。一点目が「地元の首長、特に秋田県知事と秋田市長に住民の思いを体現した行動をさせること」だった。

前項までに述べた通り、佐竹敬久知事は配備計画の浮上から1年半ほど、態度を明らかにしなかった。「防衛は国の専権事項であり、新屋演習場は国有地。県としてどうこう言えない」と繰り返し語っており、受け入れやむなし——その見返りに交付金や経済振興策を国から引き出す——の姿勢にも映った。これに対し秋田魁は、地域住民の不安や計画そのものへの疑問を突き付け、知事の言動を逐一報じることで、報道の使命とされる権力チェックを行ってきたのである。

「秋田から見れば防衛省ははるか遠く、日常的に取材できる対象ではありません。私たちにできるのは、地元住民と同じ目線に立って報道し、その意志に沿った行動を地元の首長にさせることでした。要するに、簡単にＯＫするな、自分たちが見ているぞ、ということです」

佐竹知事は19年6月の「ずさんデータ」報道を機に、防衛省への不信をはっきり語るようになった。新屋を「適地」とした調査報告書を自ら精読し、松川ら取材班が指摘したのとはまた別の誤りや問題点を見つけ出しもした。同様に動きの鈍かった県内の市町村議会も、報道以降、配備反対の請願や陳情を次々と決議し、20年2月には、自民党秋田県連が「新屋配備には無理がある」と政府に伝えるに至った。報道から約1カ月後の参院選で、配備反対を前面に打ち出した野党統一候補の新人が自民現職を破った衝撃も、背景の一つになった。

松川たちが、先達が築いてきた社の伝統を特に意識したわけではない。しかし、地元行政や政治家を動かし、最終的に国に計画を断念させた報道は、秋田魁に「蹈正勿懼」の精神が今も確かに息づいていることを見事に証明してみせた。

†地域をつぶさに、後世のために記録する

松川がスピーチで述べた二点目は、「後世の検証に耐えられるよう、地元で起こったことをすべて、つぶさに記録する」ということだ。突然降ってわいたイージス・アショアという〝劇物〟は、役所や議会だけでなく、地域社会にさまざまな波紋を広げた。どのような結果になっても、数十年後あるいは100年後、地元紙が何をどう報じたかは必ず参照されるだろう。

全国紙の報道で配備計画が浮上した時、松川の脳裏に、ある光景がよみがえった。その

約8カ月前、17年3月に男鹿市であった政府主催の弾道ミサイル避難訓練を取材した時のことである。北朝鮮が発射実験を繰り返す中、「全国初」の触れ込みで行われた訓練はなんとも奇妙なもので、うまく消化できないまま、頭の片隅にわだかまっていた。

それは、公民館の前に高齢者が40人ほど集められ、県職員の説明から始まった。まずは避難訓練の〝予行演習〟をするという。めいめいに落ち葉拾いや草刈りをしているところへ、防災行政無線が「ミサイル発射情報」を告げる。数分後、「屋内に避難してください」のアナウンスで一斉に公民館へ歩く――。これを一度通して行い、30分後に本番があった。県職員が「配置についてください」と指示すると、まもなくスピーカーから不気味な音が流れる。Jアラート（全国瞬時警報システム）が、他国の武力攻撃が迫ったことを知らせる「国民保護サイレン」だ。全国で初めて鳴り響いたその音の中で、高齢者たちはきまじめに避難者役を演じ、訓練はシナリオ通り粛々と終わった。

「非常に奇異な茶番劇でした。これは何だろう、どんな意図があり、なぜ秋田なのかと引っ掛かり、識者や政府関係者にも取材して、長文の記事を書きましたが、結局よくわからなかった。イージス・アショアの話が出てきた時に、そうか、このための布石だったのかと話がつながったんです」

取材が本格化し、長期連載『盾は何を守るのか』を展開していた19年3月には、新屋演習場に近い秋田公立美術大学の卒業式で、ある〝事件〟が起こった。

卒業生代表が謝辞でイージス・アショアに触れるらしいと事前に情報をつかんだ。ところが当日、後輩記者が取材に行くと、それらしい文言は出てこなかった。理由を聞けば、大学事務局に該当部分を削除するよう求められたという。配備の賛否を述べたものではない。「今こんな問題が起きているが、私たちが暮らし、学んだ新屋が今後も平和な地域であってほしい」という、ごく穏当な内容だ。それを大学職員が「政治的発言」だと忖度したのか、控えさせたのだった。これは検閲だ、大変な問題だぞ――松川たちはそう判断し、大きく記事にした。ネットに上げると、全国から大きな反響があった。

その記事で卒業生代表は「身近な地域の問題なのに、学生の間では話題にならない。関心がないのか、タブー視しているのか、そんな状況に違和感があった」と語り、削除させられたことに「やるせない」と漏らしている。大学側は「削除要請の意図はなかった」と釈明したが、後に学長――文部科学省からの天下りだった――が謝罪した。

男鹿での奇妙な避難訓練には海外メディアを含めて約20社が集まったが、多くは一過性の話題ものとして扱うだけだった。秋田公立美大の件は、秋田魁が報じなければ表に出ることはなかっただろう。全国メディアから見れば一つ一つの「点」でしかない出来事も、地元紙から見れば底流でつながっている。地域という現場に立脚し、小さな動きや変化に目を凝らしているからこそ、得られる視点や発掘できるニュースがあるのだ。

松川のスピーチの三つ目の要点は、「この計画の真の目的は何かを探ること」だった。日本配備にアメリカ政府の意図が強く働いたことは先に述べた。では、なぜ秋田と山口だったのか。連載では、北朝鮮を起点として二つの配備候補地を直線（弾道ミサイルの最短経路）で結んだ時、秋田の延長線上にはハワイ、山口の先にはグアムと、それぞれ米軍の重要拠点があることを指摘した。そこにイージス・アショアを配備し、「盾」の役割を果たさせる狙いがあった、というわけだ。

さらに、秋田の中でも、なぜ新屋演習場なのか。私の問いに、松川は「そこは全国紙の記者に、官邸や防衛省の決定過程を明らかにしてほしいところですが……」と言いつつ、一つの推論を述べた。

「陸自に常時任務を与える目的だったのではないかと。空自や海自は平時から具体的な任務がありますが、陸自にはない。災害派遣という任務はありますが、あくまで副次的なもので、基本的にはずっと訓練をしている組織です。だから、秋田も山口も陸自の演習場が候補地になったのでしょう」

もしもその見立てが正しければ、配備候補地の選定は徹頭徹尾、政府内の事情と論理で話が進み、住宅街に隣接していることなど一顧だにされなかったことになる。だからこそ、住民を軽視した辻褄合わせのためだけのずさんな報告書が作られた。そう考えれば、問題の背景は説明できる。

†地方取材網の深刻な衰退

もう一つ、気になることがある。イージス・アショア配備問題の報道が、なぜ秋田魁の「独走」になったのかということだ。秋田の側に視点を置いて追うメディアは他になかったのか。だとしたら、それはなぜなのか。

地方紙と全国紙、両方の現場を知る松川はかなり率直に、興味深い話をした。

「まず根本的な問題として、全国紙の、特に若い記者の目は東京を向いています。地方に勤務していても、どうやって東京本社の社会部や政治部に上がるかを常に考えている。異動は2～3年単位なので、地方で一つの問題をとことん追いかけて、心中するぐらいのつもりでやる記者がいない。それよりも早く東京へ行って、全国的に注目度の高い取材対象やニュースを追いかけたいと思っている」

全国メディアの多くの記者にとって地方勤務は短期間の通過点に過ぎない。それは私も関西にいて出会ってきた記者*たちを思い起こせばわかる。ただ、その心情は理解できると松川は言う。彼自身、秋田魁から朝日新聞に移る際、「よし、勝負してやろう」と奮い立ったのだ。あらゆる権限と機能が東京に集中し、社の方針や人事もそこで決まるなら、中枢に近いところで仕事をしたいと考えるのは、何も記者という職業に限った話ではないだろう。

しかし、希望の部署へ行くには、地方でそれなりの実績を上げる必要があるのでは？

そう問うと、松川の表情が曇った。今、全国紙の地方取材網が極端に衰えているのだという。

「僕が若手だった1990年代後半から2000年代初め頃は、全国紙やNHKは秋田県内に15人前後の記者を置いていました。それが今や7、8人。半減です。もっと少ない社もある。県内の支局もどんどん閉鎖されていく。そうすると、日々の秋田県版を埋める作業で手一杯になってしまうんですね。

今回のように大きな話があっても、知事や防衛大臣の動きなど最低限のフォローはするものの、この問題に集中して追いかけられる体制にそもそもなっていない。だから、かつてのように、地元紙に抜かれたら抜き返すみたいなことが起こらない。競争にならないんですよ」

＊全国紙は東京のほか、大阪、名古屋、福岡などに地域本社を置き、その管内で異動する記者も多い。

同じような話は関西にいても聞こえてくる。支局を廃止・統合した、記者の数を減らした、泊まり勤務をなくした……。人口の少ない県や地域ほど顕著だろう。その一方、ネット対応で速報が重視され、原稿だけでなく、写真や動画も撮影・編集するよう言われる。しかも、ページビューを稼ぐ、いわゆる「バズる」記事を求められる。取材体制を縮小する一方で個々人の仕事量が増えると、記者が考えるのは「いかに効率よく仕事をこなすか」ということになる。

「県庁や県警の記者クラブに詰めて、発表資料や定例会見をもとに県版を埋めるのが第一になると、当局を批判して関係を悪くすることを避けるようになります。イージス・アショアの件に限らない。たとえば、今年の参院選絡みでうちが書いた知事批判の記事があったんですが、他社はどこも追いかけてこない。秋田公立美大の検閲も大問題だと思うんですが、だいぶん遅れて朝日がまとめ記事でちょっと触れただけでした。でも、彼らはそれでもいいんです。新聞社の採用人数が減っているので、よほどのことがない限り、いずれ本社には上がれるんですよ」

大過なく任期を過ごせば、東京かどこかの地域本社に行けるのだから、地元紙とわざわざ張り合う必要はない。独自取材をする余裕はないから、抜かれても放っておけばいい。そんなふうに考える記者やデスクが増えているということだろうか。

地方紙にとって、「自社の報道を全国メディアが追いかけるか否か」はきわめて重要だ。全国に通じる問題を発掘しても、広く伝わらなければ、県内の話で終わってしまう。悪くすれば、批判や指摘を受けた当局や政治家が、「地元紙しか報じないということは、大きな問題ではない」と無視を決め込む。つまり、「なかったこと」にしてしまう。そういう事例を私も知っている。

秋田魁の「ずさんデータ」報道は、毎日新聞が一面トップで追いかけたことで全国ニュースになった。「あれがなければ、今のような展開にならなかったかもしれない」と泉や松川は毎日の判断に感謝する。近年はネットのニュースサイトに転載されて、地域のニュースが広まることも増えたが、複数の報道機関が取り上げる影響は計り知れない。

地方取材網の縮小や地方発ニュースの軽視は、新聞社の経営・編集方針の反映である。現場の記者の動き方も、それに合わせて変わってきた。東京を向かざるを得ない事情も、ある程度は理解できる。だが、じっくり取材して読ませる記事を書こう、特ダネを取って他社を出し抜いてやろう……かつて記者たちを突き動かしていた職業的情熱のようなものが、今は感じられない。残念そうに語る松川の言葉に、私も頷かざるを得ない。

†「うちが報じなければ、秋田のことが伝わらない」

泉や松川が記者になった1990年代には地方分権改革が議論され、「地方の時代」「地域主権」などと盛んに言われた。私も地方紙にいて、そんな潮流に希望を感じ、連載をしたこともある。しかし、現実はどうだったか。人口や企業の東京一極集中は止まるどころか、ますます加速し、ニュースなどの情報から人びとの価値観まで「中央目線」が強まる一方だ。特に秋田県は人口減少が著しく、この20年間の減少率は全国一。2020年の国勢調査では5年前の前回より6・2%（6万3006人）減と、減少率・減少数とも過去最大となり、県人口は100万を切った。

イージス・アショアというミサイル発射基地を、地元の事情を顧みることなく押しつけようとした政府の姿勢、それを特に問題視することのなかった全国メディアの鈍感さは、そうした状況の表れではなかったか。

ノンフィクション作家の柳田邦男が秋田魁のインタビューに語っている。

「イージス・アショアの配備問題に対し、東京にいる記者は、秋田の方に場所を決めるそうだとか、どこかに置くのはやむを得ないとか、そういう感覚だったと思うんですよ。だけど、秋田魁は違った。

地元の住民の立場に立って、なぜ秋田なのかというところから出発した。そういう視点に立つことはできそうで、できないんですよ。問題意識の立て方が地方紙ならではだった。さらに加えて徹底的な調査報道の姿勢を貫いた。大事なポイントです。地元だから、できたという単純なものではない。いざというときに、研ぎ澄まされた感覚と執念で多角的に取材する体制ができていたのです」

本章の第1節で、取材の「エンジンがかかった」場面を語る泉の言葉を引いた。彼が「記者の原点を再確認した」背景には、SNSやネットニュースに押され、新聞が読まれなくなっている危機感があったという。どうすれば存在意義を示せるか。新聞だからできることは何か。地元紙の果たすべき役割とは……。編集現場をまとめる立場で頭を悩ませていた時、自社の記事を手に講演を聞く人たちの姿を見た。「新聞が頼られている」と、泉は感じたのだという。

泉と松川、2人に共通するのは、「秋田魁が報じなければ、秋田のことが世の中に伝わらなくなってしまう」という思いだ。焦りにも似た使命感。そう表現してもいいかもしれない。

新屋演習場の周辺を見て回る車の中で、ハンドルを握る松川がぽつりと漏らした思い出話が強く印象に残っている。彼が秋田魁を離れ、朝日新聞へ移ることになった時の話だ。

当時、入社7年目。社会部の県政担当だった松川は、秋田県庁の記者室で泉と2人、机を並べていた。最後の勤務となった日、「松ちゃん、ちょっといいか」と外へ連れ出された。車で向かった先は、市の外れにある知的障害者の入所施設。2人で施設内を見学した後、泉が言った。

「地域の中には、こうして日の当たらない場所で懸命に生きている人たちがいる。朝日に行っても忘れないでくれ」

その日のことを覚えているかと、私は泉に尋ねた。懐かしそうに微笑み、彼は言った。

「あの頃は、地方紙の腕のいい若手記者を全国紙が即戦力として引き抜く動きが盛んでした。松川もそれで見込まれ、朝日に行くことになった。記者であれば、大きなニュースのある場所でやりたいと思うのは当然で、彼の選択も理解できます。けれども私とすれば、若い彼にまだまだ教えていないことがある。お前なんかが見たこともない世界がここにあるんだぞ、と伝えたかったんです。手土産のつもりでね」

十数年を経て、松川は縁あって秋田魁に戻り、若い記者を育てる立場となった。全国の地方紙に目を通し、気になる連載や書き手がいれば若手に読ませる。時には直接話を聞く場を設ける。各地にいる仲間から、何かを学び取ってほしいと願う。

新聞に何ができるか。地方紙の使命とは何か――。考える時、あの日、泉に送られた言葉がいつもよみがえる。

追記

イージス・アショアの導入を政府が断念した後も秋田魁新報の取材は続く。その結果、2017年11月の全国紙報道で最初に計画が明らかになる前日に防衛省が秋田県に対し新屋演習場への配備方針を非公式に伝えていたこと、また、計画断念の直前まで同演習場の代わりに男鹿市や三種町の自衛隊施設を候補地とする配備案が検討されていたことが明らかになった。同紙の長期連載は21年10月時点で第10部に及んでいる。

一方、代替案を迫られた政府は20年12月、地上配備時と同じレーダーを使う「イージス・システム搭載艦」2隻の導入を決めた。しかし建造費や運用・維持コストは総額1兆円以上とイージス・アショアの2倍の水準に膨らむといわれ、計画は迷走している。

第2章

琉球新報　ファクトチェック報道の舞台裏

ポスト・トゥルース（脱真実）という言葉が欧米発で流行したのが2016年のこと。フェイクニュース、オルタナティブ・ファクトなどの言葉も定着して久しく、これに対するファクトチェック（事実検証）も、各国のメディアや専門サイトで進んでいる。

日本の地方メディアで、いち早く取り組んだのは沖縄の琉球新報だ。戦後75年あまり、望まぬ米軍基地を押し付けられ、危険と不安にさらされ続ける沖縄には、何十年も前から本土発の「基地神話」がまとわりついてきた。それがSNSの普及以降、大量に再生産され、県内にも広がる。そこには「中央目線」の報道も大きく影響している。

この状況に危機感を覚えた同紙は18年9月の沖縄県知事選挙から、真偽不明の情報を検証して記事化する「ファクトチェック・フェイク監視」を始めた。新聞労連ジャーナリズム大賞を受賞するなど高く評価された一連の報道はどのようになされたか。そして、なぜ

「沖縄フェイク」は生まれ続けるのか。

1 フェイクに蹂躙される沖縄

†辺野古埋め立て県民投票の報道現場

２０１９年2月24日。沖縄で米軍基地をめぐる23年ぶりの県民投票*が行われた日曜日の夜、私は那覇市の琉球新報7階の編集局を訪れていた。国際通りの南端、沖縄県庁や那覇市役所が目の前の完成1年も経たない新社屋である。

宜野湾市の中心部を占め、「世界一危険な基地」と言われる普天間飛行場を移設するため、名護市辺野古の沿岸部に新基地が造られ、海が埋め立てられる。その賛否を問う県民投票が、紆余曲折ありながらも若い世代の主導で実現した。１９９６年に日米両政府が普天間返還に合意して23年。変わらぬ基地負担に沖縄県民が再度、意思表示をする。これを報じる地元紙の現場が見たかった。

午後7時半、デスク会議が始まった。編集局長以下、局次長や担当デスク12人がテーブルを囲む。〈県民意思　日米へ〉〈「構造的差別」解消求める〉〈民意　知事を後押し〉……

仮の見出しとレイアウトを組んだ各面の大刷りゲラが机上を埋めている。

「投票率の確定は9時半です。どこまで伸びるか。いずれにせよ、投票締め切りの8時には（反対の絶対得票率）4分の1超えを共同（通信）が打つので、取材はそこからよーいドンで」

「じゃあそこで速報と電子号外を出して。朝刊のメインとサイドの内容、あとドキュメントは……」

会議はオープンで行われ、数人の記者が周りで聞いている。ふだんは政府や国会を取材する東京支社報道部長の滝本匠（47）も、この日は沖縄に戻って投票を済ませ、開票状況を注視していた。反対多数になることは、玉城デニー知事が誕生した前年秋の知事選からも、共同通信や沖縄タイムスと合同で実施した出口調査からも明らかだが、その民意がどれだけ強く、明確に示されるかが焦点となる。政府は県民投票をあえて無視し、2カ月前から辺野古への土砂投入を始めていた。

「やっぱり投票率ですよね。自民と公明は積極的に関与しないと決めて自主投票にし、菅

＊前回は1996年9月、「日米地位協定の見直しと基地の整理縮小」への賛否が問われ、賛成が89・09％に上った。

県民投票当日の琉球新報編集局

（義偉）官房長官は「結果にかかわらず移設工事を進める」と予防線を張った。県民投票なんかやっても無意味だ、何も変わらないというメッセージで投票率を下げようとしたわけです。去年の知事選の63％、23年前の県民投票の60％弱は難しくても、せめて50％台半ばぐらいは……」

デスク会議が終わり、滝本に話を聞いていたその時、周囲でパラパラと拍手が起こった。午後7時半現在の投票率が50％を超えたという。「低いレベルの喜びやな」。滝本が思わず苦笑する。

すぐそばで、デジタル編集担当の宮城久緒（48、現・文化部付部長）がネット速報や号外の対応に追われていた。午後8時、共同通信のピーコ（ニュース速報の放送）が「反対が過半数」と流し、続けて絶対得票率、つまり全有権者数に占める割合が4分の1（約29万票）を超えるのは確実だと伝えると、手早く号外を仕上げ、立ち上がってフロア中に告げる。「辺野古反対多数！有権者4分の1超確実！　これでいきますよ」。絶対得票率が4分の1に達すると、知事は結果を尊重し、首相と米大統領に通知する義務を負うと県民投票条例は定めている。

宮城の席の前のもう一台のパソコンには、ネット速報へのアクセス数がリアルタイムで表示されている。開票が進むにつれ、3万、4万、5万……と、みるみる伸びていく。ふだんの日曜日の同時間帯は200程度だというから、単純計算で250倍の関心を集めていることになる。

選挙や住民投票はいつの時代も情報戦だ。特定陣営を貶める怪文書や根も葉もない噂が飛び交うことは昔からあった。それがネットの時代、特にSNSの普及以降は情報量が爆発的に増え、拡散のスピードも秒単位に速まった。発信源不明のデマやフェイクニュースは、打ち消しても打ち消してもくすぶり続け、事あるごとに再燃する。政治的な誘導か、悪意による中傷か、それとも別の理由か。得体の知れない情報の伝播力としぶとさを、滝本と宮城はよく知っている。2人は5カ月前、18年9月の県知事選からファクトチェック報道に取り組んできた取材班のメンバーだからだ。

午後11時過ぎ、「知事会見をのぞいてきます」と滝本が県庁へ飛び出して行った。翌朝には東京へ戻り、官邸会見で投票結果について問わねばならない。それを潮目に私も編集局を後にしたが、編集作業のピークはむしろそこからだっただろう。

翌25日朝刊一面の主見出しは〈新基地　反対72％〉。投票率は52・48％にとどまったものの、埋め立て反対は43万4273票と有効投票総数の72・15％に上った。玉城知事が知事選で得た過去最高得票を約4万票も上回り、自民・公明の支持層でも反対多数となった。

〈揺るがぬ「ノー」〉〈全市町村で反対多数〉〈党派超え辺野古反対〉……。沖縄の圧倒的な民意を、各面の見出しが伝えていた。デスク会議の段階では〈「構造的差別」解消求める〉だった終面の解説記事は〈政府へ「異議申し立て」〉と、よりストレートな文言に変わり、活字も大きくなっていた。

†「ただす報道」でも消えないデマや誤情報

ある情報や言説に対し、事実を調べて検証し、真偽を判定して伝える。地方紙としては初めてのファクトチェック報道を滝本が試みたのは、2018年9月の沖縄県知事選挙で取材班キャップになったのがきっかけだった。その時点で入社20年。米軍基地問題の担当が長く、琉球新報で初のワシントン特派員も務めたが、選挙取材の経験は少なかったという。だが、従来の選挙報道には思うところがあった。

「候補者間の公平性に配慮するあまりか、記事が面白くない印象がありました。掲載の回数、原稿の行数、写真の大きさや向きも揃え、ネガティブな情報があっても選挙中は報じない。選挙公報のように形式的な内容になり、読者の関心を高める記事や投票先の判断に必要な情報を届けられていないんじゃないか、と」

そこで滝本は、新たな選挙報道の形を三つ提案した。ファクトチェック、ツイッター分析、大学生と一緒に政治を考える企画である。根底には、蔓延する「沖縄フェイク」への危機感があった。

「沖縄の経済は基地依存。基地がなくなると成り立たない」「普天間飛行場は何もないところに造られ、住民が後から周囲に住み着いた」「軍用地主は年収数千万円の金持ち」「辺野古の反対運動は県外から来た「プロ市民」や外国人ばかりで、中国政府から日当が出ている」……基地にまつわるデマや誤情報は昔からあったが、ネットの中で尾ひれがつき、嫌韓・反中感情と結びつき、やがて「沖縄ヘイト」というべき攻撃的な差別言説となっていった。深刻なのは、沖縄県内にもそれらを信じ、広める者さえ出てきたことだ。

「沖縄がネットのデマや中傷の対象になっていることは2000年代初めから気づいていました。しかし当初は、閉じた空間のバカげた話で、相手にする必要はないと考えていた。それが10年ほど前から、最近の学生はネットのあり得ない言説を信じていると県内の大学の先生から聞くことが増えてきたんです」

記者たちも手をこまねいていたわけではない。たとえば13年、現職の防衛政務官だった自民党の佐藤正久参院議員が「在日米軍施設の74％が沖縄に集中というのは事実ではない。本土の自衛隊との共用施設を入れると23％」とツイッターに書いた。だが、彼の言う「自衛隊との共用施設」は日米地位協定で米軍専用施設とされ、もともと算入されている。防衛省統計にも沖縄の面積割合は「74・46％」とある。そのことを指摘すると、佐藤議員は「誤解を与えうる表現だった」と釈明した。

15年には作家の百田尚樹が自民党の勉強会で、出席議員の沖縄メディア批判に応じて「沖縄の二つの新聞社は潰さなあかん」と暴言を吐き、前述の普天間飛行場と軍用地主に関するデマを語った。琉球新報と沖縄タイムスを「偏向報道」とする攻撃は、右派政治家や言論人によって1990年代から繰り返されてきた。両紙は即座に事実を示して反証し、初めて共同で抗議声明を出した。政権与党の会合で言論を封殺するような話が飛び交ったことへの危機感もあったが、それよりも沖縄県民がデマで貶められたのが許せなかったと両紙の編集幹部は後に語っている。

こうして繰り返される沖縄フェイクに対し、琉球新報はその都度、「ただす報道」を始めた。16年には先に列挙したような〝定番デマ〟をただす長期連載を行い、『これだけは

知っておきたい　沖縄フェイクの見破り方』（高文研）という書籍にまとめている。

しかし、フェイクの広がりと浸透は予想以上だった。辺野古移設問題が焦点となり、全国的に注目を集めた18年2月の名護市長選では、基地に直接絡まない巧妙な形で、こんな話が流れた。

「名護市で長年、春季キャンプを行ってきたプロ野球の日本ハムが撤退した。老朽化した球場を市長が改築しないからだ」――。辺野古移設に反対する「オール沖縄」の現職に対する批判は、自民・公明・維新が擁立した新人候補に有利に働く。記者が球団に事実関係を確認したところ、施設改装のための一時移転だとわかったが、主要な争点となる政策でもなく、報道では触れなかった。

選挙は激戦の結果、新人が現職を破り、移設反対派に大きな痛手となった。「日ハム撤退デマ」がどれほど影響したのかはわからない。だが選挙後、これを信じる人が多いことを知り、記者たちは「ただす報道」をしなかったことを後悔したという。「明らかなフェイクが投票行動にまで影響を与えているとすれば、民主主義の根幹が揺らぐ。これは放置しておけないと強く意識したきっかけでした」と滝本は振り返る。

琉球新報がファクトチェック・フェイク監視に乗り出した背景には、基地を押し付けられるばかりか、それをめぐるデマによって二重三重に蹂躙《じゅうりん》されてきた沖縄の歴史があったのである。

†基地とともに歴史認識が問われた知事選

そして迎えた同年の沖縄県知事選は、翁長雄志《おながたけし》知事が任期中に急逝したのを受け、2カ月前倒しで9月に行われた。かつては自民党の保守本流だったが、沖縄の基地軽減と自己決定権を訴え、保守・革新を超えたオール沖縄を主導した翁長は、死去の直前、病にやせ衰えた姿で記者たちの前に立ち、仲井真弘多《なかいまひろかず》前知事による辺野古埋め立て承認を撤回すると表明した。その遺志を継ぐのかどうかが、最大の争点となった。

地元政治家の一家に生まれ育った翁長は、「基地をめぐってウチナーンチュ同士がいがみ合うさまを見せつけられた」とよく語っていたという。そして、「それを高みで笑っているのは誰か」と付け加えるのが常だった。彼の後任を決める選挙もまさに、言葉通りの構図となった。

オール沖縄の後継者として翁長が指名したのは、玉城デニー。米海兵隊員だった父親と伊江島出身の母親の間に生まれ、貧しい母子家庭で育ち、福祉関係職員やラジオパーソナリティを経て政治家になった。「沖縄の歴史や多様性、社会のありようを体現する存在」と滝本は見る。

一方、自民党が擁立し、公明・維新が推薦したのは佐喜眞淳。普天間飛行場を抱える宜野湾市議や市長を務め、「普天間の早期返還」を訴えたが、辺野古埋め立てへの賛否は示さないという戦略を取った。この佐喜眞もある意味で、現在の沖縄の一面を象徴していると滝本は言う。

「県内では近年、ＪＣ（青年会議所）出身の若い首長や経済人を中心に、「いつまでも沖縄戦の被害ばかり訴えるのではなく、未来志向で」と一見前向きな言い方で歴史を忘却する、歴史修正主義的な言説が広まっています。保守系団体の日本会議に属し、ＪＣとも関係が深い佐喜眞氏は、その代表的な存在と言えます」

だから、この選挙は基地問題のみならず沖縄の歴史認識を問う戦いでもあるというのが取材班を統括する滝本の見立てだった。そこへＳＮＳ全盛が拍車をかけ、膨大な量の情報戦となるだろう。これを丹念に追うため、ファクトチェックと連動して始めたのがツイッター分析だった。担当した宮城は、後に紙面でこう振り返っている。

「告示前後の数日は約20万件の投稿を半日以上かけて目を通した。悪口ばかりで気がめいったが、読み終えた時に傾向をつかむことができるのではないかと眠気を我慢して読み通した。ほぼ玉城デニー氏への中傷だったことにがくぜんとした」

この地道な作業から、選挙期間中に何本かの分析記事が生まれている。見出しと概要を記す。

〈政策より中傷を拡散　主要候補「辺野古」に触れず〉佐喜眞・玉城の名前を含む投稿は候補者への中傷が多く、政策論争は深まっていない。辺野古・普天間には玉城が一回言及しただけだった。

〈ネット選挙、目的逸脱も〉ツイッターが「落選運動」のツールとなり、特に玉城への攻撃が9割に上った。真偽不明の情報をもとに「不祥事のデパート」と断じるほか、基地反対発言に対して右派言論人が「変な薬飲んでない？」と中傷する投稿もあった。

〈投開票直前　政策への投稿増〉佐喜眞に対して「沖縄の経済、暮らしを良くする」「県民の生活を考えている」と支持する声がある一方、玉城には「沖縄を外国勢力から守れるか。中国に洗脳されている」「基地負担を取り除いた実績があるのか」との批判があった。

佐喜眞を支持するアカウントはアイコンに日の丸をあしらう者が多く、右派系の文化人や政治家のツイートを拡散する傾向があった。つまり、ネット右翼的な層からの支持が目立ったということだ。後の県民投票ではツイッターから投稿できる「質問箱」を開設し、450件以上に目を通した宮城は言う。

「いわゆるネット右翼的な人たちの投稿を大量に読むうち、彼らの発信がどの程度の情報に基づいているかがわかってきました。辺野古のゲート前の光景なんて直接見たことがなく、右派系の有名なSNSやブログに「韓国の旗ばかり立っている」「反対派の暴力で殺される」などと書いてあると鵜呑みにし、乗っかって投稿している印象ですね。名護市民を「辺野古市民」と誤記していたり、基本的なことを知らない。だから県外の人たちが多いような気もします」

こうした空気の中で行われた県知事選は、デマやフェイクも必然的に玉城への攻撃が多くなった。では実際のところ、取材班はどんな情報を、どのように検証していったのだろうか――。

2 「覆面の発信者」を追う記者たち

†県知事選ファクトチェック報道の舞台裏

〈虚構のダブルスコア／「偽」世論調査〉――。沖縄県知事選告示5日前の2018年9月8日、琉球新報が掲載した「ファクトチェック・フェイク監視」の最初の記事である。こんな内容だった。

県知事選をめぐる世論調査の情報が飛び交っている。一方の立候補予定者（玉城デニー）への支持が、もう一方（佐喜眞淳）をダブルスコアで上回る「朝日新聞の調査」とされる数字のほか、国民民主党など複数の政党の調査でも大差がついているとの情報がある。だが、琉球新報が取材したところ、朝日新聞社は「事実無根。調査は行っていない」と回答。国民民主党も調査を否定した――。

一般に、選挙情勢で大差がつくと、優勢とされる陣営の運動が緩んで支持者が投票に行かなくなり、負けている側は引き締まると言われる。逆に「勝ち馬に乗る」人が増えることも考えられる。いずれにせよ、このデマを有権者が信じれば、選挙結果が歪む可能性がある。警鐘を鳴らす意味で、取材班キャップの滝本匠が執筆したのだった。

フェイク、つまり偽情報の多くは出所不明だが、政治家や著名人の発信から広まる場合もある。同21日掲載の2本目、〈一括金、民主政権時に創設／「偽」候補者関与はうそ〉は、国会議員のネットへの書き込みが発端となった。経緯はこうだ。

玉城が、自身の民主党衆院議員時代の実績として、「沖縄振興一括交付金の創設を政府与党（当時は民主）に直談判して実現にこぎつけたこと」だとFacebookに書いた。これを公明党の遠山清彦衆院議員がツイッターで「誇大宣伝」と批判した。自分は与野党PTのメンバーだったが、玉城は会議にいなかったとし、「デニーさん、ゆくさーです」

と断じた。沖縄方言で「嘘つき」を意味する強い非難である。そして、沖縄県の要望を政府に飲ませたのは、当時野党だった自公の議員、つまり自分たちだと主張した。

だが、調べてみると、遠山議員の主張は時系列が誤っていた。当時の首相補佐官が「(玉城からも)繰り返し要望を受けた」とするツイッター上の証言もあった。このことを報じたのが2本目のファクトチェック記事だったが、この報道に遠山議員がツイッターで反論してきた。そこですぐ滝本は取材を申し込み、事務所へ本人を訪ねた。分厚いファイルに綴じた資料を広げ、遠山議員は自信満々に自説を語ったという。だが、滝本の目的は別にあった。

「聞きたかったのは遠山議員のツイッター表現についてです。玉城氏に対し、「誇大宣伝」と言うのは主観的評価だからいいとしても、嘘つきと断定するのはどうか。玉城氏が国会質疑や官邸への提言で一括交付金の制度創設を求めていた事実は確認できましたから。その点を問うと、彼は「少し感情が入って強い表現だったかもしれない」と釈明した。それをまた続報で書いたというわけです」

〈「『ゆくさー』は強い表現だった」/遠山氏、投稿を釈明〉というその記事は、投票3日前の9月27日に掲載された。フェイクとわかれば即座に、選挙期間中に打ち消すのがファクトチェックの要点の一つだった。投票終了後に「実はこんな話が……」と書いても遅い。

もう一つの要点は、この例が示すように評価や主観と切り分け、事実だけを淡々と書くこと。そして、「ネットに響かせる」ことも重視した。記事は速やかに自社のサイトやツイッターに上げ、NPO法人「ファクトチェック・イニシアティブ（FIJ）」のサイトにも転載されるようにした。ジャーナリストらが設立し、複数の報道機関と連携する専門団体である。*

こうして琉球新報の知事選取材班は、通常の選挙報道と並行して、投票日の同30日までに四つのフェイクを検証した。「元歌手の安室奈美恵さんが玉城を応援」という情報を、発信した本人に取材して打ち消した記事や、佐喜眞が公約に掲げ、菅官房長官も応援演説で語った「携帯電話料金4割削減」について「知事や国に権限はない」と指摘した記事は、ネット上で大きな反響を呼んだ。

新たな視点を提供する選挙報道は、従来の紙の読者にも確実に届いた。私が編集局を訪れた際、掲示板に一通のハガキが貼ってあるのを見つけた。購読30年以上になるという読者からだった。

〈知事選ファクトチェックの企画を今後も続けてほしいと思い、初めてハガキを出します。私はスマホを持たず、フェイクニュースを見ることもありませんでしたが、耳にする情報が心配でした。「姿を見せず言いたい放題」を検証するのは大変でしょうが、事実を淡々

と冷静に伝えてほしい〉

記者にとって、読者の評価に勝るものはない。滝本たち取材班は大きな手ごたえを感じていた。

†追うほどに広がるネット社会の闇

一方で課題も残った。一つは、公平性に配慮してファクトチェック記事では候補者を匿名にした――本書では実名を記しているが、報道時は「ある候補者」などとした――ため、誰に関する偽情報なのか、わかりにくい面もあったこと。見出しの付け方も難しく、意図が伝わりにくい記事もあった。そして最も頭を悩ませたのは、どの情報を取り上げるかだった。ネットでは真偽不明の情報が次々と〝沸騰〟する。読者からの情報提供も合わせると、検証対象は膨大な数に上った。取材はしたものの、真偽を判定しきれない「グレー」の情報も少なくなかった。

たとえば告示直前、「玉城が昔勤めた会社で大麻を吸っていた」という話が広まった。あるブログが発端となり、ツイッターでは選挙期間中、一日10～60件の投稿が確認された。

＊ＦＩＪの掲載基準に合致し、実際に掲載された記事は２本だった。

玉城本人は勤務歴自体がないと否定し、その会社の関係者も「全部嘘だ」と記者に証言した。しかし、滝本は言う。

「本人や関係者が否定したからといって、事実がなかったと断定はできません。警察取材で、容疑者が否認する事件と同じです。県警の捜査資料など公的な記録を探したのですが、噂は35年前の話で、すでに残っていなかった。そういう場合は、掲載を見送らざるを得ません。代わりに、「真偽不明情報が大量拡散」という記事で、詳細を伏せて報じましたが……」

次から次へ湧いてくる無数のデマ、誤情報、根拠のない噂。その多くは、政府与党に異を唱える者、基地の撤廃や沖縄の権利と安全を主張する運動を攻撃する傾向があったが、発信者の姿は見えず、意図や思想性も判然としない。「黒幕」のような組織や人物が存在するのか、個人の単独行動か。そこを突き止めれば、沖縄フェイクが発生する構造が見えてくるかもしれない。

そんな構想のもと、県知事選後の2018年11月、「ファクトチェック取材班」が発足する。編集局次長の松永勝利（55、現・読者事業局特任局長）をデスクに、社会部中堅の池田哲平（35、現・経済部）、中部報道部の若手、安富智希（28、現在は退職）が専従。東京支社の滝本と、ネット分析に強い宮城久緒も加わる5人体制で翌19年元旦から連載をスタートすることになった。取材期間2カ月弱で、どこまで迫れるか——。

「フェイクニュースやヘイトスピーチに詳しい研究者やジャーナリスト、ネットメディア関係者を安富に取材してもらいつつ、僕はフェイクの拡散元になったサイトの運営者情報を調べ、当たっていきました。得体の知れない相手に名前やメールアドレス、携帯番号まで伝える怖さはあります。でも、とにかく時間がないから躊躇している暇がない。ネットに名前をさらされて炎上したら、それはそれでネタになるかな、と」

そう言って池田は笑う。彼がまず当たったのは、知事選の約1カ月前に突如出現した「沖縄県知事選挙2018」「沖縄基地問題.com」という二つのサイトだった。調べると、両サイトは同じ氏名で登録され、住所は異なるものの、いずれも東京都内だった。その男——記事では仮に「M」とした——の行方を追うところから、連載『沖縄フェイクを追う』は始まる。

〈Mが登録していた電話番号にかけると、一つは女性の声で「違う」と否定された。もう一つの電話番号にかけると「この番号は現在使われておりません」と機械的なメッセージが返ってきた。

ただ、古い電話帳をめくると手掛かりがあった。9年前に荒川区東尾久の登録住所で、Mと同じ姓名で電話番号が登録されていた。だが、この番号もすでに使われていなかった。

連載『沖縄フェイクを追う』

（略）

迫っても迫っても、届かなかった「覆面の発信者」。目の前の闇が広がっていく〈気がした〉

相手にたどり着けなかった、つまり、意図した取材成果が得られなかった話を記事にするのは、新聞では珍しい。しかも、連載初回でそれを明かしている。その狙いをデスクの松永はこう話す。

「確かに、われわれはこのサイトを含め、沖縄フェイクの発信者に会えなかった。逆に闇が広がってしまった。しかし、これが今、ネットの中で起きていることだとも言える。そのまま読者に伝えようと思ったんです。そのために記者の取材過程を追い、一緒に歩いてもらうようなスタイルを意識しました」

フェイクの発信者に対しても、伝えておくことがあった。

「琉球新報はデマを放置しない、常に監視しているぞと報道姿勢を明確に示すことです。その際に大事なのは、自分たちが身を隠さないこと。記事の署名はもちろん、事後の記者座談会では全員が紙面に顔を出した。文句があるなら直接言ってこい、われわれは決して逃げないということです」

先に引いた連載の初回は、主に池田が取材したが、国会図書館で古い電話帳を何冊も繰ったのは滝本である。続く第2回では宮城が、玉城の「大麻吸引」説の拡散経路――まず複数の報道機関にメールで送られ、その5日後にブログ記事がアップされたという――を追っている。

琉球新報取材班は、総力を挙げて「ネットに潜む闇」に迫ろうとしていた。

†脅えて隠れる発信者、生身の人間の痛み

全17回にわたった連載は、松永が語る通り、記者とともに闇に分け入るようなタッチのルポだ。ふだん新聞を読まない大学生からも、「サスペンス小説みたいで面白い」と感想が寄せられたという。その全容は、県知事選の記事とともに『琉球新報が挑んだファクトチェック　フェイク監視』（高文研）に収録されているが、もう少し概要を紹介しておきた

い。

池田が次に追ったのは、「ｎｅｔｇｅｅｋ」だった。２０１３年に立ち上がったこのサイトは、過激で攻撃的な見出し、フェイクや暴言を書き連ねた記事でさまざまな人たちを標的にし、炎上させ、一時は大手メディアをしのぐ拡散力があるとされた。沖縄に関する記事は、18年秋の取材時点で27本確認できた。多くが基地建設反対を訴える人びとを侮蔑し、差別を扇動する記事だった。「沖縄に集まった基地反対派のプロ左翼、行動がサルと同じだと話題に」「このような話が通じない相手に「土人が」などと（機動隊員が）言い返しても何ら処罰の対象になるべきではないだろう」といった表現はもはや、単なるフェイクを超えて、「沖縄へイト」そのものだ。

サイト運営者の氏名など詳細をつかんだ池田は、メールや電話で連絡し、発信拠点と見られる都内のマンションを訪ね、何度も接触を試みる。しかし応答は一切なかった。

「取材依頼は確実に届いていたはずです。僕の携帯や会社の電話は着信拒否になっていましたが、相手に知らせていない別の電話からかけるとコール音が鳴ったので。誰も出ませんでしたが……」

「向こうも脅えていたと思う」と安富は言い、発信者たちの人物像をこう推し量る。「彼らの多くは「基地反対派のアンチ」として存在しているだけで、そこに主張や思想性は感じられない。差別やフェイクをネタに楽しんでいるだけの人たちでしょう」。

弁護士の懲戒請求を大量に煽り、訴えられたことで知られるブログ「余命三年時事日記」にも、池田は取材を試みている。このブログ主は16年、琉球新報と沖縄タイムスを「外患誘致罪」で刑事告発していた。「両社の報道姿勢は外国勢力と通謀し、国内の反日勢力を擁護している」「中国の武力行使を誘引している」という理由で、両社長の「死刑」を検察に求めていた。その真意を質すため、やはり都内の住所を訪ねた場面を、池田はこんなふうに書いている。

〈今月9日午後、東京都北部に位置する巨大な団地の最上階にある一室を訪ねた。呼び鈴を鳴らしても応答がない。部屋の前でしばらく待っていると、男性が外廊下をこちらに向かって歩いてきた。そして部屋の前で止まり、鍵でドアを開けた。「(住人は)いないよ」。男性が答えた。(略)

部屋を開けた男性はブログ主宰者の知人だと語った。「しばらく帰ってきていないのか」と尋ねると「頼まれて部屋を片付けにきているだけだから」と言い残し、散らばった郵便物を集め、鍵をかけると足早に立ち去っていった〉

事前に写真を見ていたブログ主とは別人だったが、徹底的に身を隠す発信者側に、初めて実体のある、生身の人間が現れた瞬間だった。

「たまたま遭遇したのですが、地道に現場を訪ね歩けば、こんなこともあるんだなと。すぐ取材班のLINEで報告すると、みんな盛り上がってましたね」

逆に、ヘイトの標的となった人たちへの取材は辛い仕事となった。安富が書いている。彼は、ネットの匿名掲示板の投稿を恣意的に集めた「まとめサイト」の取材を担当した。そこでは、普天間飛行場に近い保育園に米軍ヘリの部品が落下した事故について、「自作自演」「被害者アピール」「恥を知れ」などと罵詈雑言が大量に書き込まれていた。これをどう思うか、園の関係者に見てもらった。園長は顔をこわばらせ、「人間としてしてはいけないことだ」と声を振り絞った。母親の一人は「すごく怖かった。子供や保護者が何か被害に遭うのでは」と身をすくめた。

取材をすることで被害者の傷をえぐっているのではないか。不安や恐怖を植え付けているだけではないか。そんな葛藤を安富は紙面に吐露している。長年まとめサイトの被害に遭い続けた大阪の在日朝鮮人女性に取材した時、別れ際に「あなたに会えてよかった」と言われたことだけが救いだった。

連載後の記者座談会で、専従記者の2人はこう述べている。「SNSで発信が容易になった分、中傷を発信した先に生身の人間がいることが見えなくなっている」(池田)。「フェイクやヘイトはなくならないと思う。でも影響力を持たせてはならない。フェイクの構造を知ることで影響力をそぐことができないか」（安富）。

沖縄フェイクに蹂躙される地域住民、被害を受ける生身の人間の側に軸足を置くからこそ、記者たちはネットにはびこる「暴力」を自らの痛みとして実感していた。

沖縄県知事選のファクトチェック報道を見た全国の報道機関や記者から、琉球新報に質問が相次いだ。「どんな方法でやったのか」「うちもやりたいのだが」。しかし、滝本も、松永も「目新しい取材方法は何一つない」と断言する。「当事者に当たる、資料を調べる、現場を訪ねる。一年生記者が教え込まれる取材の基本を貫いただけだ」と。

3 沖縄で新聞記者になるということ

†県外出身記者たちの葛藤と責務

2020年2月に刊行された『沖縄で新聞記者になる』（畑仲哲雄著、ボーダーインク）という本がある。元新聞記者で、現在は地域ジャーナリズムの研究者である著者が、琉球新報と沖縄タイムスの本土出身記者約20人に取材し、〈沖縄人ではない者が、沖縄で新聞記者になるとはどういうことなのか〉を深く考察している。

同書によれば、両紙とも本土出身記者の割合は約2割。ともに戦後まもなく創刊（復刊）し、発行部数も拮抗する両紙は、互いに強烈なライバル意識を持ち、〈沖縄人の沖縄人による沖縄人のための〉報道を長く続けてきた。それが県外出身者が5人に1人となった現在は、徹底して地元に根差す姿勢は不変ながら、視点の多様性という意味では〈すでに異なる段階にある〉という。

そこに、琉球新報ファクトチェック取材班のデスクを務めた松永勝利と、記者の滝本匠も登場する。松永は東京の下町出身。高校卒業後は肉体労働者になるつもりだったが、ひょんなことから沖縄大学に進学し、そのまま新聞記者になった。自分は「よそ者」「植民者」である、沖縄に米軍基地を押し付けてきた加害者に連なる側であることを自覚的に語る松永の経歴と内省は大変に興味深いが、それは同書に譲る。ここでは滝本の話を紹介したい。

地方紙の記者になるということは、その地域の生活者、そして共同体の一員になることでもある。沖縄のように固有の歴史と文化を持つ——薩摩藩の琉球侵攻や明治政府の琉球処分に遭い、沖縄戦では本土の「盾」にされ、戦後は米軍に土地を奪われて基地を押し付けられてきた——地域で、ヤマトンチュ（本土の人間）がどのような立ち位置で取材し、記事を書くのか。きわめて重要な問題だと私も考え、滝本に質問を重ねていた。

滝本は大阪府岸和田市出身。京都の大学・大学院を経て、１９９８年に入社した。木材の研究をし、探検部に所属した学生時代から八重山の離島に通い、その風土に惹かれて就職先に沖縄の新聞社を選んだ。同じ県内でも、離島では基地問題は遠く、意識したことがなかったという。

「96年にあった前回の県民投票の時、たまたま那覇にいましてね。県庁前で東京のテレビ

琉球新報
1893（明治26）年、旧「琉球新報」創刊。戦時の他紙との統合、沖縄戦による終刊を経て、「うるま新報」として復刊。1951（昭和26）年、現在の紙名に。発行部数は約14万5700部。県内日刊紙のシェアを沖縄タイムスとほぼ二分する。

局が中継していたのを覚えています。当時はただの観光客で、他人事でしたが」と苦笑する。ただ、米兵による少女暴行事件をきっかけに普天間飛行場の返還と移設の方針が決まったその時代を境に、琉球新報では県外出身者が増えていったという。

沖縄の記者は、どんな仕事を担当しようと基地問題と無縁ではいられない。滝本も入社1年目で、いきなり直面する。稲嶺恵一知事（当時）による普天間飛行場の辺野古移設受け入れ表明を追う特別専従班として、松永と2人で名護市に詰めることになったのだ。05〜06年には同社初のワシントン特派員となり、米国防総省や国務省の会見に出席。在日米軍再編について集中的に取材した。帰国後は4年にわたって政治部の基地担当、通称「キチタン」を務めている。こうして入社から約10年の間に、滝本は基地問題のエキスパートになっていった。

記者として、生活者として、基地と隣り合わせで暮らす県民の危険と不安、そして、日米安保体制の不平等に苦しめられる沖縄の現実を思い知らされた。米軍機の飛行ルートや夜間制限は守られず、騒音と危険にさらされる日常。生活圏への部品落下は珍しくなく、墜落事故もある。実弾演習場からの流弾や跳弾。県や市に通知のない降下訓練。米兵が交通事故や事件を起こしても、基地に逃げ込めば日本の法律で裁かれず、取材しても情報がまともに開示されない。日米地位協定の厚い壁——。

「自分には沖縄の血は流れておらず、沖縄戦を経験した親族もいない。だから、沖縄の〝思い〟を語れない、矩をこえてはいけないと無意識的に考えてきたところもあります。でも今現在、沖縄に住む者として、日々実感し、目にする基地被害というファクトがある。それを取材し、背景にある原因や歴史的経緯を調べ、県民読者に伝えることはできる。僕にも許される。ヤマトから来たお前の責務、役割は何かと問われれば、そこかなと思っているんです」

もちろん、県外出身記者の考え方も一様ではない。エイサー（お盆の伝統舞踊）に参加し、三線を弾き、地元に溶け込む者もいる。「ナイチャー（内地の人間）はやめました」と笑って語る者もいる。

さらに言えば、県内出身者でも地域や世代によって、「沖縄アイデンティティ」や基地問題をめぐる意識に濃淡はある。たとえば、ファクトチェック取材班の池田哲平は石垣島出身で、やはり基地のある生活が想像できなかった。それが、沖縄国際大学の1年生だった04年、校舎に米軍ヘリが墜落する事故に遭遇し、当事者になったという。

出身地もルーツも多様化する沖縄紙の若い記者たちは、それぞれの現場で沖縄の現実に直面し、取材を重ねることによって、まぎれもない「沖縄の新聞記者」になってゆく。

†在京メディアの政局報道と地方紙の連帯

官僚の前例踏襲主義。政治家の無策。そして「第3の壁」は、在京メディアの政局報道――。沖縄の過重な基地負担が一向に軽減しない構造的差別の要因を、滝本はかつてこう指摘したことがある。2009年、普天間飛行場の移設先を「最低でも県外」と公約した鳩山由紀夫が首相となった民主党政権を同時進行で追った長期連載『呪縛の行方』（後に書籍化。同社刊）でのことだ。

日米両政府が普天間返還に合意した1996年以来、いくつも移設先が浮上しては消えて行った。同年のSACO（日米特別行動委員会）協議の過程では、当時の防衛庁幹部が北海道移設の可能性を探り、98年の非公式協議では日本側が北九州や四国などの地名を挙げて「移設は可能か」と質問したのに対し、米国側が「当然だ」と沖縄県外への移設を認めている。しかし、それらは結局阻まれ、辺野古に回帰してゆく。

政権交代を経ても同じことが繰り返されるとすれば、そこには、自民党政権時から派閥人事や勢力争いなどの政局報道にばかりとらわれ、沖縄の事情を顧みることなく、冷笑的態度を取る政治部記者たちの責任がある、という痛烈な批判だった。

「当時の彼らの関心は、社民党が連立に残るか離脱するか、辻元清美氏（同党国対委員長・当時）がこう言った、福島瑞穂氏（同党首）がどう動いたみたいな話ばかりで、県外移設の可能性は本当にないのかといった政策面の話は一切しない。沖縄の立場で考えてほしいとまでは言いませんが、完全に他人事というのもどうなんだと思っていました」

県内移設に抵抗する社民は「連立政権の和を乱す厄介者」と政治部記者には映るようだと記事は書き、「社民斬りだ」といら立つ在京メディア記者の言葉も記している。政府や官僚と目線を揃え、一体化した〝政局記者〟たちは、沖縄など眼中にないのだろう。ワシントン勤務時代も、二度目の東京勤務となる現在も、滝本はそう感じてきたという。

「他人事感は今の方がさらに強いですね。首相や官房長官の会見での政治部記者の様子がよく批判されますが、彼らはとにかく予定調和の質問しかしない。そればかりか、質問する記者を白眼視し、嘲笑する。僕も沖縄に関しては積極的に聞きますが、あまり要領を得ず、進行役に「簡潔にお願いします」と言われることもある。周囲の記者にすれば、場を乱す存在でしょう。だけど、そのわりにこちらの報じ方が気になるのか、「この話、琉球新報さんとしてはどうなんですか」と後で聞いてきたりする。どうなんですかと言われてもねえ……」

在京メディアに対するこうした違和感、という以上に、怒りや呆れを感じているのは、滝本だけではない。琉球新報の現編集局長である松元剛（54）は繰り返し、鋭く指摘し続けてきた。

〈「沖縄の抵抗はしぶとい。力で組み伏せるしかない」「基地反対は振興策ほしさだ」。この発言の主は政治家や官僚ではない。一部の在京大手メディアの政治部記者が、外務省や防衛省の官僚や政権与党の幹部に進言した内容だ。権力のチェックを忘れ、弱い立場にある沖縄の声を組み敷けと進言することをためらわない。何様なのだろうと悲しくなるが、こうした話は誰が発言したかも含めあちこちから耳に入る〉(『REPORT』2013年6月号)

〈(沖縄の)民意を一顧だにしない政権のありようと、客観報道に安住して安倍政権の強権性への検証、批判が乏しい大手メディアの報道も相まって、沖縄と本土の心理的距離は開くばかりだ。盛んに用いられてきた「温度差」という言葉ではフォローできない域に達している〉

〈政権幹部ら有力者の意向が過度にクローズアップされ、総じて沖縄に妥協を迫る「落としどころ報道」「鋳型報道」の構図は変わっていないようだ〉(いずれも『Journalism』2017年8月号)

一方で、松元は地方紙の報道や論説に希望を見出し、記事交流を通じた連帯に期待する。先の『REPORT』では、米軍基地がないにもかかわらず、琉球新報の記事を転載し続けた高知新聞編集局長の「沖縄の基地問題は、けっして沖縄という地方の問題ではなく、日本の民主主義の成熟度を映す鏡だ」という言葉を引いている。13年に安倍政権が定めた「主権回復の日」は、沖縄から見れば日本から切り離された「屈辱の日」だが、その落差を指摘した琉球新報の記事は、高知新聞をはじめ、東京新聞、北海道新聞、河北新報、山陰中央新報、佐賀新聞などに転載されたという。

滝本や松元の言葉にうなずきながら、ふと自分はどうだったかと振り返る。ライターとして、かつて地方紙に在籍した記者の端くれとして沖縄に目を向けてきたか。基地が沖縄の人びとに強いる危険や苦痛を想像したことがあるか。何かを伝えようと取材や発信をしたことがあるのか。そう問われれば、返す言葉がない。

†「普通の人」に巣くう悪意と無関心

なぜ沖縄フェイクが生まれるのか。それがヘイトにエスカレートするのはなぜか。身も蓋もない問いを、琉球新報ファクトチェック取材班の面々にぶつけてみた。

専従記者だった池田が指摘するのは「中国脅威論」との結びつきだ。

「沖縄が中国に接近し、取り込まれようとしているという言説はネットに根強くあります。「辺野古移設の反対運動は沖縄を日本から独立させ、中国に統治させるのが狙いだ」とか、先の知事選では、「玉城氏が知事になれば中国に支配される」とか。つい最近見たチラシには「沖縄近海には900兆円の海底資源が眠っていて、玉城知事は中国に差し出そうとしている」とありました。

根底には、中国に経済発展で追い抜かれた焦りや苦々しさがあると思うんです。日本を守れ、中国に負けてないぞと言いたい。沖縄は中国と地理的に近く、尖閣諸島を抱えることもあって、そこに巻き込まれてしまっている。また、それを大真面目に語る与党議員や政権に近い右派系言論人がいる。〝官製ヘイト〟の側面も強いと思いますね」

本章の第1節で沖縄の若い層にも基地をめぐるフェイクが広がっていることを書いたが、ここには学校教育に関わる課題があるのではないかと、もう一人の専従記者、安富智希は語る。彼は那覇市出身。幼い頃から沖縄戦の話を聞き、記録映画などを見る機会は何度もあったという。

「その映像が強烈で、本当に戦争は恐い、絶対に嫌だとトラウマ的な忌避感情が生まれたんです。今でも正直、戦争映画は見られません。ところが沖縄の戦後史についてはどうかと言えば、学校で習った記憶がほとんどないんですね。住民が米軍にどうやって土地を奪われ、占領下の圧政に苦しんだか。そういう住民目線の地域史や生活史が抜け落ちているところに、基地をめぐるフェイクが入り込む余地が生まれるんじゃないか」

池田によれば、沖縄戦の研究者は多数いるが、安富の言うような戦後の地域史・生活史を調べる研究者は少ないのだという。基地の形成過程や経済的影響について、もっともらしいフェイク言説が広まった時、明確に否定するには、たしかにその部分の知識が欠かせないだろう。彼らが言うように研究者や教育の仕事でもあるが、時代を綿密に記録してきた新聞こそ一級の史料であり、フェイクに対抗する一助になるのかもしれない。

そして、滝本が指摘するのは「人びとの無関心」が沖縄ヘイトを蔓延させたということだ。その例に、2013年1月27日の「東京行動」の光景を挙げる。沖縄県内41の市町村長と議長、県会議員たちがオスプレイ配備撤回を訴えて、東京・銀座で行ったパレードである。ちょうど第二次安倍政権発足から1カ月。当時は那覇市長だった故・翁長雄志を先頭とする一行は、安倍首相に翌日手渡す「建白書」を携えていた。

そのパレードに罵声が飛んだ。「売国奴!」「嫌なら日本から出ていけ!」「中国の工作員は帰れ!」。路上で日の丸を掲げる一団が沖縄の首長たちをにらみつけ、憎悪を込めた言葉を次々と投げつけた。ネット内ではすでに広まっていた醜悪な「沖縄ヘイト」が、現実の世界に姿を現した瞬間だった。

翁長たちはたじろぐことなく、堂々と行進を終えたが、内心で大きなショックを受けていた。参加者の中には保守系の首長もいた。彼らは日米安保体制や基地そのものに反対しているわけではない。むしろ、ずっと協力してきた。ただ、危険性の高いオスプレイはやめてほしいと言っているだけなのに、「売国奴」とは……。

滝本は、那覇の本社でそのことを知った。ネット動画を確認して胸が悪くなった。こんな言葉は誰の耳にも届かない。響かないはずだ。半ば期待を込めて思ったが、認識が甘かったと後に知る。翁長は県知事になってからも、この時のことをよく語っていたという。

「ヘイトスピーチそのものよりも、周囲の人たちが何の関心も示さず、無表情で通り過ぎて行く姿がショックだったと話していました。その姿に普通の国民の沖縄への無関心が現れていると感じたからだと。大音量でがなり立てるヘイトはたしかに醜悪です。しかし、虐げられる者に無関心な人びととの存在こそが沖縄の人の心に深く突き刺さっているのだと、あらためて気づかされました。

そして、自分たちは沖縄の外にどう言葉を届けるか、響かせられるのかを問われているんだと考えさせられました。それは今も続いていて、答えは出ていませんが……」

今、滝本の言葉を思い起こし、「普通の」人というのは重要だと私も考えている。それは無関心に通り過ぎる人びとばかりでなく、フェイクやヘイトの発信者にも言えると思うからだ。

実は、県知事選報道で滝本がフェイクを指摘した遠山清彦議員は、私の中学時代の同級生である。また、本章では触れなかったが、『ニュース女子』というテレビ番組が17年、沖縄・高江のヘリパッド建設反対運動を虚偽情報で誹謗中傷する深刻なヘイト事案があった（同番組については第3章で後述）。放送倫理・番組向上機構（BPO）から「重大な放送倫理違反」と指摘された同番組を制作したのは「DHCシアター」（現・DHCテレビジョン）という制作会社だが、そのプロデューサーで、現在は社長を務める人物もまた、私の大学の同級生だった。

どちらも仲が良かったわけではなく、深い付き合いはないが、同じ部活動やサークルにいて、人柄はある程度知っている。良くも悪くも、特に目立つところのない「普通の」人間だった。少なくとも、特異な思想や偏った主張を持つようには見えなかった。

その後、何十年かの間にどんな変化があったのか、さまざまな形で仄聞するものの、詳しくは知らない。だが、かつて自分の近くにいた、いかにもありふれた人間たちが沖縄を標的にフェイクやヘイトをばらまいていることが私には情けなく、ショックであると同時に、フェイクやヘイトの本質とは、こうした「普通の」人間に巣くう卑小な権威主義ゆえの攻撃性や悪意、そして無関心の総体ではないかと感じるのである。

2019年2月25日。辺野古埋め立てをめぐる県民投票の翌日、私は名護市のキャン

県民投票翌日、辺野古新基地に反対し、機動隊に排除される市民

プ・シュワブに向かった。新基地反対を訴えるゲート前の集会は、前夜の圧倒的な勝利に沸いていたが、正午過ぎから繰り広げられる光景は、いつもと変わらなかった。工事を阻止しようと横二列になって座り込む人びとは、表情のない機動隊員たちに引きはがされ、抱え上げられ、一人一人排除されていった。

そこには、県民投票の結果について「真摯に受け止める」「対話を続けたい」と口では言いながら、沖縄の声に耳を貸すことなく、そのつもりもない安倍首相と政府の姿勢が具現化されていた。

それから1年半余り。安倍首相は退陣を表明し、長期政権を支えた菅義偉官房長官が次期首相に確実視されている。沖縄基地負担軽減担当大臣を兼務し、辺野古新基地反対の民意を退けて建設を主導してきた中心人物である。記者会見では鉄面皮で質問をはねつけ、マスメディアをコントロールする彼の耳に、滝本たち沖縄の記者は県民の声を「響かせる」ことができるだろうか——。

追記

県民投票による沖縄県民の意思表示にもかかわらず、辺野古新基地建設はそのまま強行されている。埋め立て予定海域で軟弱地盤の存在が判明し、当初5年としていた工期は9年3カ月と大幅に延びたが、政府は普天間飛行場の危険を取り除く「唯一の解決策」との姿勢を崩していない。防衛省は地盤改良工事のため、沖縄戦の激戦地となった本島南部からも土砂の採取を計画。これに対し、「戦没者の遺骨が混ざる土砂を使うな」と県内外から反対の声が上がっている。2021年5月時点の埋め立て進捗率は全体の約6%。玉城知事は「決して手遅れではない」と政府との対話を求め続けている。

一方、本稿のweb掲載直後に首相となった菅は約1年で辞任。沖縄振興予算と新基地建設を「アメとムチ」のように使い分け、自民党の沖縄政策を体現してきた中心人物が退いたものの、続く岸田文雄首相も「辺野古移設堅持」を明言。安倍・菅路線が続く見込みだ。

なお、本章に登場する遠山議員は、新型コロナ禍で緊急事態宣言中の深夜に東京・銀座のクラブを訪れていたことなどが批判を浴び、21年2月に議員辞職した。

第3章 毎日放送 ドキュメンタリー『映像』の系譜

地方テレビ局発のドキュメンタリーが気を吐いている。視聴者が減少し、広告収入でネットに抜かれ、視聴率に汲々として、「早く、安く、わかりやすく」と報道番組の情報バラエティー化が進むテレビ業界にあって、ドキュメンタリーは「金と時間を食うばかり」「視聴率に貢献しない」と片隅に追いやられてきた。しかし、それぞれの現場で足を踏ん張り、力のある作品で存在意義を示す作り手たちは今も全国各地にいる。しぶとく生き残っている。

大阪の毎日放送（ＭＢＳ）は月に1回、日曜深夜にドキュメンタリー『映像』シリーズの放送を続けてきた。１９８０年に『映像'80』と題して始まり、２０２０年4月に40周年を迎えた。近畿広域圏を放送エリアとする「準キー局」とはいえ、地方を拠点とする放送局が、系列局に頼ることなく自前で、これだけ長期間、ドキュメンタリーの放送枠を守ってきたのは快挙と言える。

その歴史を受け継ぐ一人の女性ディレクターに注目したい。

1 標的にされる「教育」と「メディア」

†教科書の攻防を追う「論理的」ドキュメンタリー

取材者であるディレクターが、風呂敷包みいっぱいに集めてきた素材を広げて見せる。編集マンはそのすべてに目を通し、取捨選択して並べ替え、風呂敷できれいに包み直してゆく――。ドキュメンタリーの編集とはそういう作業なのだと、毎日放送ドキュメンタリー報道部のディレクター、斉加《さいか》尚代《ひさよ》（55）は説明する。

「ディレクターは欲張りですし、取材した思い入れや現場での感動があるので、大風呂敷を広げ、あれもこれも詰め込みたくなる。それを予備知識のないクールな目で見て、独りよがりにならないよう助言や提案をしてくれる最初の視聴者が編集マン。わたしは不器用な方なので、優秀な彼らにずいぶん助けられてきました」

2020年8月半ば、梅田・茶屋町の社屋6階にある編集ブースの一室。斉加は『映像

‘20』の枠で2週間後に放送が迫った番組の編集作業中だった。

隣にいるのは、同局の映像編集を請け負う制作会社「ビデオユニテ」のチーフエディター、新子《あたらし》博行（41）。日々のニュースと並行し、この『映像』シリーズや人物密着ものの『情熱大陸』などドキュメンタリーの編集を手掛ける。キャリア15年。斉加の番組も、これまで何本も担当してきた。

『映像』は50分番組だが、斉加が今回撮ってきた素材は、40分収録のディスクで56枚に上った。単純計算で計2240分、37時間あまり。新子はこれを約1カ月の間にすべて見たうえで、斉加の意図を受けて1週間で「定尺」、つまり放送時間に収まるよう編集するという。膨大な情報量と作業期間の短さに驚いていると、「いや、今回は少ない方ですね。インタビュー中心の論理的な内容なので。密着ものだと100枚*以上になるのは普通です」と新子は言う。

放送開始40年になる『映像』シリーズは伝統的に、少人数で制作されてきた。取材スタッフは、ディレクターとカメラマンと音声助手の3人。ここに映像の編集マン、音楽や録音の技術者、ナレーター、字幕などのタイトル制作者。そして、全体を統括するプロデュ

＊ビデオテープ時代の名残か、実際の現場では「枚」ではなく、「本」で語られる。

ーサー。全部で10人ほどだ。ＮＨＫや在京キー局では、一つの番組にプロデューサーやディレクターが複数いたり、事前取材や資料調査をするリサーチャーを何人も抱えたりすることが珍しくない。制作予算も比較にならない。それでも、自由度の高さがディレクターの視点や個性を反映し、作品の魅力になっているのだろう。『映像』が世に送り出した番組は、放送ジャーナリズム界で高く評価され、数々の賞を受けてきた。

斉加は、その系譜に連なる数少ない女性ディレクターだ。入社33年。『映像』を担当して6年目になる。

この日編集していた番組は、『史実と神話～戦後75年目の教科書と歴史』と題して8月末に放送された。5年ぶりに中学校の教科書採択が行われた今夏、歴史教科書をめぐる動きを追っていた。

話は、蝦夷《えみし》の首長アテルイの処刑地とされる「首塚」の不可解な経緯から始まる。枚方市内の公園にあり、かつて歴史教科書や郷土学習の副読本にも載ったこの史跡には、実は歴史的根拠がない。調査した歴史学者によれば、一般市民が思い込みで勝手に建立したものだが、いつしか市役所が追認し、「伝承文化を活かしたまちおこし」「郷土愛をはぐくむ」との名目で既成事実化されていった。ここには当時の市長の意図が強く働いていた。

東大阪市では、育鵬社《いくほう》の教科書をめぐる攻防を追った。神武天皇の建国神話を大きく扱い、教育勅語を肯定的に記述するなど右派的志向が強い教科書だ。同市の野田義和市長は、保守系市町村長の団体「教育再生首長会議」の会長を務め、前回の教科書選定では育鵬社版の採択に影響を及ぼしたと言われる。地元では、教育への政治介入に反対する市民の運動が起きていた。斉加はその両者にインタビューを行い、さらに奈良県橿原市にある神武天皇陵を取材する。この地が陵墓と定められた経緯、移転を迫られた被差別部落の記録。宮内庁と交渉を重ね、「洞村《ほらむら》」と呼ばれた部落の跡地に初めてカメラを入れた。

派手なシーンや感情を煽る演出は一切なく、新子の言葉通り、「論理的」なドキュメンタリーである。だが、斉加の取材は多くの事実を掘り起こし、淡々と伝えることにより、歴史とは何か、教育とは何か、今起きていることをどう考えるのか、視聴者へ静かに問うていた。

教育は、大阪の学校現場を30年にわたって取材してきた斉加の原点と言えるテーマだ。17年には『教育と愛国～教科書でいま何が起きているのか』を制作し、同年度のギャラクシー賞大賞を受賞している。その番組をまずは振り返ってみたい。

†歴史学の重鎮から「反左翼教育」観を引き出す

『教育と愛国』は、戦後の歴史教育を「自虐史観」と否定し、愛国心や日本人の誇りなど

学校に届いた大量の抗議はがき。『教育と愛国』より（MBS 提供）

国家主義的な教育を主張する政治勢力と、その圧力にさらされる学校現場や教科書会社、そして教科書検定の舞台裏を追った番組だ。小学校での道徳の教科化を翌18年に控え、教科書採択が進んでいたことから斉加が着想した。企画書では「安倍政権が目指す『教育と愛国』がどんな地平につながっているのか」と大風呂敷を広げたが、当初は確たる見通しもなく、「走りながら考えていった」という。

取材は、超難関で知られる東京の私立麻布中学校から始まった。同校が採用する学び舎の歴史教科書――暗記よりも、自ら考え議論する教育を目指し、現役教員が編集した――に旧日本軍と慰安婦をめぐる記述があるとして、大量の抗議はがきが届いたのだった。「反日極左の教科書採用を即刻中止せよ」という同一の文面で、差出人の多くはOBを自称する匿名。同様の抗議はMBSの地元の関西でも複数あり、番組では神戸の私立灘中学・高校の校長が綴った文章を紹介した。自民党の国会議員や県会議員から「問い合わせ」と称する圧力や詰問を受け、その後、抗議はがきが届くようになったという。〈届く度に同じ仮面をかぶった人たちが群れる姿が脳裏に浮かび、うすら寒さを覚えた〉と、校長は書いていた。

実名の差出人の中には、教育再生首長会議で当時会長を務めていた山口県の松浦正人・防府市長や、森友学園問題で渦中にいた籠池泰典・前理事長の名前があった。斉加は番組中、この松浦市長にインタビューを行っている。

抗議はがきのコピーを見せると、松浦は自分の筆跡であること、約30通を書いたこと、周囲にも抗議を呼び掛けたことを認めたが、学び舎の名前には首を振った。知らない、聞いたことがないと言う。説明すると、こう言った。

「ああ、この学び舎という会社ですか。ちょっと偏った事柄が書いてあるという情報は耳にしました。（読んだことは？　という問いに）読んだというか、見たという程度でしょうかね」

それは教育への政治圧力ではないか。斉加が問うと、こう答えた。

「圧力として受け止められる方は受け止められるかもしれませんが、もしそうだとしたら、ごめんなさいねと申し上げるしかないですね」

余裕かポーズか、その顔には笑みが浮かんでいた。映像に語らせるドキュメンタリーは、活字と違い、話し言葉や場面を整理・再構成することができない。一つの答えの中で核心を語らせ、語り口や表情までとらえねばならない。それゆえか、斉加の質問は率直で、持って回ったところがない。

そのことをよく示す印象的な場面がある。育鵬社版歴史教科書の代表執筆者、伊藤隆・東大名誉教授へのインタビューだ。「新しい歴史教科書をつくる会」に1997年の発足時から参画した歴史学者で（現在は離脱）、日本近現代史のオーラルヒストリーを記録してきた重鎮である。やり取りを再現する。

——歴史から何を学ぶべきだと？

「学ぶ必要はないんです」（即答し、何度も無言で頷く）

——それは、かみ砕いて言っていただくと

「学ぶって、たとえば何を学ぶんですか？　あなたのおっしゃっている、学ぶって」

——たとえば、日本がなぜ戦争に負けたか……

「そりゃ弱かったからでしょう」（即答し、微笑む）

――育鵬社の教科書が目指すものは何になるわけですか？

「やっぱり、ちゃんとした日本人をつくることでしょうね」

――ちゃんとした、というのは？

「左翼ではない……（数秒沈黙）昔からの伝統をずっと引き継いできた日本人、それを後に引き継いでいく日本人。今の反政府のかなりの部分が左翼だと思いますけども。反日と言ってもいいかもしれませんね」

「左翼」や「反日」は右派の常套句であり、ネットや保守系メディアにあふれているが、理論的支柱と言える研究者が、そんな粗雑な言葉を躊躇なく口にすることに斉加は驚いたという。

「インタビュー中はメモを取らず、相手の言葉に集中して、常に次の質問を考えるんですが、この時は一瞬たじろぎ、微妙な間がありますよね。本音を語らせようと覚悟を決めて臨んだのかと聞かれますが、そうじゃない。純粋に知りたいことを聞いていったら、想定以上の言葉が出てきたんです」

後に番組と同名の書籍になった『教育と愛国』（岩波書店）で、斉加は取材の模様を詳述し、育鵬社の歴史教科書の目的は、歴史ではなく道徳を学ばせることだろうと述べている。「あるべき日本人」という一つの価値観、国家が求める「日本人像」が押し付けられるのではないか、と。

もう一つ、重要な事実を番組は示唆する。教育への政治介入は大阪から始まったということだ。象徴的な映像を、斉加は局の未使用アーカイブから探し出し、番組に使用した。12年2月、「日本教育再生機構」が大阪で開いたタウンミーティング。壇上には、民主党政権下で下野していた安倍晋三元首相がいる。第一次安倍内閣で行った教育基本法の改正――「伝統と文化を尊重し、我が国と郷土を愛する」という愛国心条項を盛り込んだ――を実績と誇り、こう述べる。

「(教育に) 政治家がタッチしてはいけないのかと言えば、そんなことはないですよ。当たり前じゃないですか」

「首長が教育について強い信念を持っていれば、その信念に基づいて教育委員を替えていくんですよ」

第二次政権へ返り咲く約10カ月前に安倍が語っていた、あからさまな政治介入の勧め。隣には大阪府知事の松井一郎（当時。現大阪市長）がいた。彼が橋下徹・大阪市長（当時）とともに旗揚げした大阪維新の会はこの時、首長が学校教育を主導する「教育基本条例」の可決を目指しており、タウンミーティングはその決起集会だった。教育目標の設定に首長が強く関与する。学校間競争を強め、序列化を図る。教員を厳しい人事評価で縛る。そうした方針が大阪の学校教育を変質させたと斉加は見ていた。

†橋下会見で巻き起こったバッシング

「勉強不足。そんなことも知らずに取材に来るな」「ふざけた取材すんなよ」「とんちんかん」「話がムチャクチャ」

取材に答えるというより、相手を蹴散らそうとする橋下市長は苛立ちを募らせ、どんどん攻撃的になっていった。声を荒らげ、指を差す、その先にいたのが斉加だった。12年5月8日、大阪市役所で行われた登庁時の囲み取材。遊軍記者だった斉加はニュース番組の特集取材のため、市政担当記者の放列に加わっていた。テーマはやはり教育。

この年の府立高校卒業式で、一人の民間人校長が教職員の国歌斉唱時に「口元チェック」をした。橋下が府知事時代に制定した全国初の国旗国歌条例を徹底するためだった。しかし、斉加が府下の高校校長にアンケートを取ったところ、回答者の半数以上が「やりすぎだ」と答え、8割以上は「起立斉唱をひとつと捉えればよい」と考えていた。その結果をどう見るか、橋下に尋ねたのである。

これに橋下が激高した。「起立斉唱命令は誰が誰に出したのか」と論点をすり替えて逆質問を畳みかけ、斉加が回答を拒んで質問を続けようとしても、「まず答えてください。事実確認が不十分な取材には答えません」と拒否。斉加が府の教育長だと答えると、鬼の首を取ったように語気を強めた。

「と－んでもないですよ！　もっと調べてくださいよ。教育長が命令出せるんですか」

命令は教育委員会が出したと橋下は言い、「自分は条例を作っただけ。教育委員会に聞け」と突き放したが、これは誤りだ。斉加の言った通り、府の教育長名で全教職員と府立学校校長・准校長宛てに2通の通知文書が出ていたのである。だが、この件において、そこは本質ではない。橋下の意向で作られた条例の運用について本人が見解を問われるのは当然であり、「質問に答えた記者にだけ応じる」などという〝逃げ〟を許せば、権力者への取材など成り立たない。

だが、ネット世論は違った。会見の動画が流れると、「この失礼な記者は誰だ」と激しいバッシングが始まる。当初は斉加を擁護・評価する声もあったが、午後3時頃、何者かが匿名掲示板2ちゃんねるに斉加の実名を書き込むと、それを機に顔写真や経歴が拡散。「反日極左記者」「こいつは在日。本名は違う」「MBSは解雇しろ」と事実無根の情報と、愚劣な誹謗中傷や罵詈雑言が大量に書き込まれていった。

「取材相手に怒鳴られるようなことは、事件取材などで経験していますから、まあそうい

大阪市役所の慣例だった橋下市長の囲み取材（2013年5月）

うこともあるかなと思ったんです。橋下さんの強い言葉には、嫌な質問をする記者を黙らせようとする意図を感じたので、逆にしつこく同じ質問を繰り返したところもある。「黙れ」と言われたら、反射的に「黙りません」となるのが、記者の本能というか。少なくとも、わたしは先輩からそう教わってきた。ネットの反応にも驚きはしましたけど、当時はそれほど熱心にネットを見ていなかったので、鈍感だったかもしれません」

それよりショックだったのは、同業であるメディア関係者の反応だったと斉加は言う。橋下が彼女を面罵し続けた26分の間、周囲に数十人いた記者は他人事のように傍観し、黙々とパソコンにやり取りを打ち込んでいた。MBSの市政担当記者がわずかに一言フォローしたが、それ以外に「おかしい」と声を上げる者は一人もいなかった。

「会見の後、「なんで途中で切り上げなかったんだ」「仕事がやりにくくなった」と言う人が同じ社内にもいました。自分の感覚がずれていて、変なことを聞いてしまったのかと一時は考え込みましたね」

私は以前、在阪メディアと橋下の関係を取材した際、この一件をどう見たか、メディア関係者に尋ねて回ったことがある。たしかに、斉加を擁護する者は皆無に等しかった。「あれは記者の勉強不足」「市長は有権者の代表。敬意を持って質問しないと」「彼女は市政担当じゃないから囲み取材の雰囲気がわからなかったんでしょう」……。誰もが橋下の剣幕と詭弁に気圧され、その場の空気やネット世論に、いとも簡単に呑み込まれていた。同じことが現在も、国政取材の場でも、続いているように思える。

教育とメディア。民主主義を支える二つの現場が政治の標的にされている。権力者や声の大きな者に付き従い、異論を許さぬ不寛容な社会になっている――。自身の経験から、斉加はそう考えるようになる。そして数年後、ドキュメンタリーの作り手となった時、それらが主要なテーマとなっていく。

ネットのバッシングは3カ月以上にわたって続き、検索窓に「さ」と打ち込めば、斉加の名前が出るような状況だった。その最中、心配して電話をくれたのは「ママ友」だったという。「焼肉店を経営する在日コリアンの女性です。彼女の夫もネットでひどく中傷されたことがあったそうで、わたしの2人の息子を家に来させて、と。ネットには事実に基づかない中傷や悪意がいかに多いか、言って聞かせるからって。嬉しかったですね」と、斉加は微笑む。あの電話に救われたことが今も忘れられない、という。地域で暮らす生活者であるからこそ、自分のことを知り、支えてくれる人がいる。

2　大阪から沖縄の現場を伝える

†沖縄の記者たちに見た「報道の原点」

『映像』を専属で担当するドキュメンタリー報道部へ斉加が異動したのは2015年7月のことだ。橋下会見でのバッシングの後に司法キャップを2年務めたが、その間は自らの軸足の置き場に迷う時期だったという。

「ニュース判断や特集企画をめぐって、後輩のデスクと意見が合わなくなってきたんです。わたしは先輩が相手なら、いくらでもケンカできるんですが、後輩から「視聴者はそんな話に興味ないですよ」「視聴率取れませんよ」と言われると、そうなのかなあ、と。メディアと社会の関係が変化していく中で、自分の座標はどこなのか、物の見方や取材手法はこれまで通りでいいのか、目が曇ってきたんじゃないか……と考え込んでしまって」

そんな中、最初に手掛けることになったのが、沖縄の琉球新報への密着ドキュメンタリーだった。同年6月、自民党の勉強会で作家の百田尚樹が「沖縄の二紙は潰さなあかん」と廃刊をけしかける暴言を吐いた。ならば、沖縄の新聞の現場と報道姿勢を一度きちんと伝えようと企画したのだが、ここには部長でプロデューサーだった澤田隆三（59、現・報道局報道主幹）の助言があった。澤田が語る。

「百田発言への反発はもちろんですが、あの場では「マスコミを懲らしめるには広告料を断て」という自民党議員の発言もあった。これは圧力で報道を捻じ曲げようとするジャーナリズム全体への挑戦だと思いました。沖縄の新聞社を孤立させてはいけない。メディアの枠を超えて連帯するべきだ。そう思って、斉加に企画を持ち掛けたんです。少し仕事の方向に悩んでいるようにも見えたので」

澤田はテレビ局には珍しく、報道一筋の経歴を持つ経験豊富な取材者である。いわゆる「大阪ジャーナリズム」が隆盛だった時代の最後を記者として過ごし、ドキュメンタリーのディレクター時代には数々の秀作を制作した。斉加と相談し、沖縄二紙のうち琉球新報に照準を絞った。2人で取材交渉に行った日を、こう振り返る。

「編集局長と局次長が出てこられたんですが、条件は一切なく、自由に撮っていいと言われたんです。報道機関だから見せたくない部分もあるだろうと予想していたので、豪胆さに驚きましたね。野武士くさいというか、自由闊達な雰囲気を感じました」

斉加はすぐ、カメラマンとともに琉球新報編集局に入った。第2章に登場した松永勝利が当時、政治部長を務めていた。彼と、その指揮で米軍基地報道に奔走する記者たちに1カ月間密着した。取材中、通告のない米軍の降下訓練やヘリの墜落事故があった。米軍が「ハードランディング（激しい着陸）」と発表し、事故を「できごと」と言い換えたヘリ墜落は皮肉にも、翁長雄志知事と菅義偉官房長官（いずれも当時）が辺野古新基地をめぐる集中協議を始めた日に発生した。

駆け出しの若手記者から基地担当の中堅、編集幹部まで何人ものインタビューを重ね、ラストシーンは松永の印象的な語りで締めた。

「何のために仕事をしているのか、なんで記者をやっているのか。一番大切なところだと思う」

故郷を二度と戦争の島にしてはならないという言論のために、沖縄の新聞社は存在している。だから、沖縄の記者は沖縄戦を忘れてはいけないし、戦争から続く基地問題としっかり向き合わねばならない。それは偏向などではない。当たり前の日常なのだ。真っ赤な目で、言葉を詰まらせ、松永は言う。

「沖縄の新聞社っていうのは、取材することを先輩から学ぶんじゃないんですよ。沖縄戦で辛い思いをした人から取材を学ぶんです」

斉加の『映像』専属としての第一作『なぜペンをとるのか〜沖縄の新聞記者たち』は、15年9月に放送された。私も当日に見て感銘を受け、ちょうど執筆中だった書籍『誰が「橋下徹」をつくったか』(140B)のあとがきで触れた。この番組に込められたメッセージは、在阪メディアの維新報道を検証した本の締めくくりにふさわしいと思った。

〈番組のディレクターは斉加尚代。第3章に書いた橋下の囲み取材で〝吊るし上げ〟に遭ってもひるまなかったMBSの女性記者である。ドキュメンタリー制作部門へ異動になり、最初に撮ったのがこの作品だったという。彼女もまた、すべてのメディアに問いかけているのではないか。

何のために仕事をしているのか、なんで記者をやっているのか、と〉

今あらためて訊けば、それは斉加の自問自答でもあったという。

「琉球新報で目にしたのは、記者の基本でした。当局の発表を鵜呑みにしない。現場で検証する。人びとの声を丁寧に聞く。苦しんでいる人の側に添う。誰のためにニュースはあるのか、きちんと考えて報じる。振り返れば、わたしも20代の頃、先輩に教えられてきた。それがいつの間にか、大阪では政治家の言葉が検証もされず、そのまま流される状況になっている。おかしいことをおかしいと言えない空気ができている。沖縄の記者たちの姿を見て、わたしも原点に戻れたんです」

斉加は、この作品で「軸」を取り戻した。澤田にとってもプロデューサーとしての第一作だった。「あれを2人で作り上げたことで信頼関係が構築できた」と言う。同番組は、16年度の日本ジャーナリスト会議（ＪＣＪ）賞を受賞するなど、高い評価を得ることになった。

物を言わないことも十分に「政治的」だ

斉加の沖縄取材に道筋を付け、影響を与えた人物が、もう一人いる。ドキュメンタリー映画監督の三上智恵である。

『標的の村』『戦場《いくさば》ぬ止《とうどう》み』などで、米軍基地建設に激しく抵抗する住民の姿と国策に引き裂かれる沖縄の現実を描いてきた三上は、ＭＢＳのアナウンサー出身。１９８７年、男女雇用機会均等法の第一世代として入社した2人は同期の、信頼し合う友人どうしだ。三上は95年に琉球朝日放送へ移籍し、現在はフリーで活動するが、斉加とは40代から特に親交が深まったと話す。

「現場にいること、弱者に寄り添うこと、矛盾から目をそらさないこと。労働者として、女性として、所属する組織の問題にちゃんと向き合うこと……。わたしたちは大事にしていることがたくさん一致しています。だから、たとえ1年2年会わなくても、「久しぶり」なんて挨拶は抜きに、毎日一緒にランチを食べているみたいに、今の最大の関心事から話し合える。唯一無二の戦友であり、親友です」

その三上が、斉加が再び沖縄を取材するきっかけを作った。当時のことを綴った斉加の文章がある。

〈2016年10月18日夜、静まり返った番組班の部屋にひとりでいた私は、沖縄に住む親友が教えてくれた動画を検索していた。まもなく画面は沖縄の国頭村と東村に広がる米軍施設、北部訓練場の工事現場前を映しだした。フェンスの向こうに立っている機動隊員が、工事に抗議する住民に向かって大阪弁で毒づいている。そしてはっきりと聞き取れる声でこう言い放った。「どこつかんどんじゃ、ボケ、土人が……」〉（『調査情報』2017年7～8月号）

大阪府警の機動隊員が発したこの暴言をMBSの情報番組が大きく取り上げ、出演者の弁護士が「人権感覚が乏しい」と批判。ツイッターで「出張ご苦労様」と擁護した松井一郎知事（当時）に対しても、「大阪の人間がみんなこうではない」とタレントが批判した。すると、今度は松井が「機動隊員の顔をさらして攻撃するのがＭＢＳ」「そもそも混乱を引き起こしているのはどちらなのか」と反論に出る。11月に入ると、「偏向報道から機動隊員の人権を守れ」と唱えるデモが大阪市内で行われ、これに大阪を地盤とする自民党国会議員が祝電を送った。

ここに至って斉加と澤田は急遽、基地反対運動の実態を伝えようと企画を立てる。斉加が担当する次回放送は2カ月半後に迫り、すでに別の企画の取材が動き始めていたが、「土人発言」を黙って見過ごすことはできなかった。

「一番ショックだったのは、デモの沿道で聞いた大阪のおばちゃんの声です。「機動隊員に暴言吐く人らの方がひどい。わたしだって客からクレーム付けられたら言い返すわ」と。大阪には沖縄出身者が多く、歴史的にも関係が深いのに、無関心な人たちが増え、こんなふうに受け止められる。ネットを見れば、「基地反対派に沖縄県民はいない」「過激派の暴力集団」とデマや誹謗中傷が飛び交っている。これは沖縄だけの問題じゃない、わたしたちの日常と地続きなんだと思いました」

教育への政治介入がそうだったように、沖縄フェイクやヘイトも大阪が発信地となっている――。危機感に駆られ、斉加は東村高江のヘリパッド建設に反対する住民たちに話を聞いて回った。彼らを攻撃するデマの発信者たちにも取材した。そして17年1月、『沖縄さまよう木霊～基地反対運動の素顔』と題した番組が放送される。

反対運動の「素顔」はいずれも、自然豊かなやんばるの森と平穏な生活を守りたい一心で座り込みに参加する純朴な住民だった。農作業の合間を縫い、自ら握り飯を作ってやって来る男性。米兵に抗議する高齢者を見て放っておけず、通うようになった作業療法士の男性。デマの動画を斉加に見せられ、戸惑う高江地区の女性区長。

一方、デマやヘイトを流す側は、どこかで聞いた話やネット上で見つけた不確かな情報をまったく裏取りしないままSNSに書き込み、テレビで語っていた。

「反対派が救急車を妨害、襲撃した」とFacebookに書いた医療関係者は、斉加の電話取材に対し、「知人から聞いた話。事実かどうか確認はしていない。軽率だったと反省している」と話したが、悪びれる様子はなかった。大阪のテレビ番組で「反対派に住民はおらず、地元とトラブルを起こしている」と語った沖縄出身の弁護士はインタビューに応じたものの、後になって使用を断ってきた。取材では「高江には一度も行ったことがない」「ネット動画を見ればわかる」と語っていたという。

「わたし自身もデマを拡散されました。沖縄では有名な、ある男性のところへ取材に行き、和やかに話して帰ってきたら、彼はFacebookに「非常に敵対的な取材だった」と書いていた。デマを流す人はこうして事実を捏造・歪曲していくんだというのを、現場で身をもって学んだんです」

斉加がこの番組について講演などで話す時、好んで引用するセリフがある。基地反対派の一人、農業の男性が語った言葉だ。周囲から「政治的」だと言われることに、彼はこう反論する。

「政治的でないことが世の中にあるなら教えてほしい。物を言わないことだって十分に政治的なんです」

その言葉は、沖縄の置かれた状況だけでなく大阪にも、さらには「政治的発言」を過度に忌避する今の社会にも通じる。

†「大阪ジャーナリズム」はいつ変質したか

『沖縄　さまよう木霊』ではもう一つ、テレビが流した沖縄ヘイトを取り上げている。第2章の琉球新報編でも少し触れた『ニュース女子』（東京MX）の問題だ。「基地反対派に日当が出ている」「取材すると襲撃される」などと、基地反対派＝暴力集団というイメージを植え付ける〝現地レポート〟を流し、BPOに「重大な放送倫理違反」と指摘されたこの番組にも、大阪の番組制作会社が関わっていた。

在阪局を代表する人気番組の構成作家出身の百田尚樹然り、やはり関西ローカルの情報番組で基地反対運動を中傷した司会者の辛坊治郎然り、大阪のテレビはなぜこうなってしまったのか。かつて存在した「大阪ジャーナリズム」とは、中央や権威に反発し、庶民や弱者の側に立っていたはずだった。

先述したように、澤田はその時代を知る一人だ。高校生だった1979年、通学路で発生した三菱銀行立てこもり事件で取材や電話送稿に追われる新聞記者の姿を見て、報道を志した。入社した85年、いきなり豊田商事会長の刺殺事件があり、返り血を浴びたカメラマンから現場の模様を聞かされた。同じ年の夏、グリコ森永事件の犯人が終結を宣言し、東京から大阪へ向かう日航123便が墜落。秋には阪神タイガースが初めて日本一となり、大阪中が熱狂に包まれた。

こうした事件や社会現象を追い、庶民の喜怒哀楽を伝えるのが当時の大阪の記者たちの仕事だった。もちろん、野次馬的な事件報道は傍若無人で、取材ルールや人権感覚も今とは比べ物にならないだろう。ただ少なくとも、弱い立場の者を叩き、デマで貶めるようなことはなかったのではないか。東京のように国会や中央官庁がなく、それゆえ政治部もない。政治権力を信じず、権威におもねらず、リアルな生活の現場から物事を見るのが在阪メディアだったはずだ。

それがいつから、なぜ変わったか——。そう問うと、澤田は「うーん」と唸り、考え込んだ。

「よく言われることですが、あまりにも視聴率にとらわれすぎる問題はあると思う。その象徴が、各局とも長時間化している夕方のワイドニュース番組です。かつてローカルニュースは30分だったのが、今は2時間半ぐらいになっている。そうすると、ニュースだけでは毎日埋まらない。芸人さんのトークやグルメ情報に頼り、報道がバラエティー化していく。そういうコーナーの方が視聴率が上がるものだから、さらにバラエティー化が進む。悪循環ですよね」

澤田は報道一筋の経歴ながら、『テレビの未来と可能性〜関西からの発言』（2013年、大阪公立大学共同出版会）という在阪民放関係者の寄稿集の中で、お笑い番組の安易な作りとタレントの短期集中消費、その背景にある局側の問題を指摘している。私は、日頃感じていることを問うてみた。お笑い芸人の多用と、それによる「空気を読む」文化の蔓延が、弱い者をネタにして笑ったり、場の空気を読めない者を嫌ったりする風潮を強めているのではないか。話さえ面白ければ、事実を誇張しても、嘘が混じってもいいという考えにつながっていないか。だが、澤田は「うーん」と考え込むばかりだった。

沖縄から大阪を見る三上は、親友の斉加が経験した橋下会見でのバッシングに触れ、

〈大阪の反骨精神も地に落ちたと愕然とした〉と同じ本で書いている。〈お上のやることを疑い、風刺して庶民の力に変え、決してひるまない。それが関西文化に根ざした大阪発の放送局の誇りではなかったのか。東京一極集中で失われるものがある。その大切さをどこよりも知り、豊かな表現手段で対抗してきたのが準キー局ではなかったのか〉。

あらためて問うと、こんな答えが返ってきた。

「東京に反発することはできても、大阪の勝ち組＝維新批判はできないのでしょうか。視聴率を持っている橋下氏に嫌われてもいいことはないという空気が、当時から毎日放送にもあり、その影響は報道にも出ていたと複数から聞いて、わたしは古巣を美化していただけなのかと、落胆したのを覚えています」

これは新聞についてもよく言われる、「地方メディアは地域の権力者を批判できない」という指摘に通じるものだろう。

斉加は『ニュース女子』問題を語る中で、制作会社の「下克上」という表現を口にした。テレビ局から発注を受けてコンテンツを作る彼らは、同じ仕事をしていても立場が弱く、待遇や労働環境も劣る。さらに、バラエティーやお笑い番組などは、報道やドキュメンタリーなどの「硬派」な番組に比べて格下に見られてきた歴史がある。

それが、大阪ではバラエティー番組の常連だった橋下が首長になり、彼がレギュラーだった『たかじんのそこまで言って委員会』（読売テレビ）は、民主党政権下で下野していた安倍晋三元首相を繰り返し出演させ、応援した。その番組を作っていた制作会社の関係者が後に『ニュース女子』にも関わっていくのである。テレビ局の社員、それも報道の人間が手の届かない権力者を、自分たちは呼ぶことができる。視聴率も稼げる。つまり、「下克上」というわけだ。

その過程で反権威・反骨精神の矛先が、社会的弱者や権力の批判者、そして沖縄の基地反対住民に向いていったということだろうか。「さまざまな支援を受けられる弱者こそ、実は強者だ」と見なす主張は90年代後半から見られた。生活保護受給者を「既得権益」と攻撃するのも、その一例だろう。大阪で維新人気が続くのは、そうした時代の空気を捉えたことにもあるかもしれない。

だが、斉加も今の大阪の「空気」やメディアの「変質」については、考えあぐねているようだった。

『沖縄　さまよう木霊』の放送後、斉加は基地反対派住民から、「自分たちに投げられた嘘やデマを暴いてくれた、この番組は僕らの希望です」と声をかけられた。三上や琉球新報の記者たちをはじめ、沖縄とのつながりは今も続く。在阪局の有志を集めて基地問題の勉強会を開いたり、現地を訪ねたりもしてきた。19年には、女性の右翼活動家と沖縄の関わりを描く『ガチウヨ～主権は誰の手にあるのか』を制作し、話題を呼んだ。記者の原点に立ち戻った「沖縄」は、今後も斉加のテーマであり続けるのだろう。

3　ドキュメンタリーは生きている

†『映像』40年の歴史と報道機関の矜持

「地域に密着したドキュメンタリー」を掲げ、1980年4月にスタートしたMBSの『映像』シリーズは2020年に40周年を迎え、同年10月までに通算490本近い作品を放送してきた。月1回で年間12本を4人の専属ディレクターが持ち回りで担当する。つまり原則として、各自が1年に3本、50分のドキュメンタリーを作ることになる。

番組を立ち上げたディレクターで、初代プロデューサーの貝谷昌治――第1回放送は、沖縄戦で後遺症を負った人びとの苦しみを追う彼の番組だった――は定年退職後に著したドキュメンタリー論の教科書で、〈地方局には、ジャーナリスティックな目で、問題意識を持って対象に迫り、こだわっていく、「執念と情熱の狩人」のディレクターが多い〉と書いている。一方で、制作に専念できる地方局はほとんどないとも述べる。これはと思うテーマがあれば、日々の仕事の合間に取材・撮影しておき、時々10分前後にまとめてニュースの特集で流す。その積み重ねで長編を作るのが普通だ。約20年前の記述だが、事情は今も変わらない。そんな中、MBSは貝谷の時代から専属の部署を置いてきた。

「ディレクター4人に部長兼プロデューサーが1人という体制も、ほぼ変わっていません。この専門集団を維持していることが、毎月欠かさず40年間、放送を続けてこられた大きな

毎日放送
1951（昭和26）年、ラジオ局「新日本放送」として開局。他社と合弁で設立した「大阪テレビ放送」から分離独立して59年、現在の社名でテレビ放送開始。放送エリアは近畿広域圏（大阪・京都・滋賀・兵庫・奈良・和歌山）。TBSテレビをキー局とするJNN系列。

要因でしょう」と澤田隆三・報道主幹は言う。彼自身、1994年から専属ディレクターを6年、2015年からは部長兼プロデューサーを2年務めた。

ドキュメンタリストとしての澤田の歩みは、波乱から始まった。汚職事件の聴取中に急死した一人の公務員の人生を追い、95年1月に放送予定だったところへ、阪神・淡路大震災が発生。急遽、報道部総出で取材した『激震！ その時人々はどうしたか〜長田区菅原通3丁目の場合』の制作を担当した。板切れにペンで書かれた墓標に心動かされ、焼け跡の町に視点を定めたのだった。

99年には、脳性麻痺の夫婦と6歳の息子の家族に2カ月間密着。日々の暮らしとユーモアあふれる夫婦のやり取りを描いた『ふつうのままで〜ある障害者夫婦の日常』で、国際エミー賞ドキュメンタリー部門の最優秀賞を受賞した。さらに翌年、国鉄民営化から続く解雇撤回闘争を北海道に飛んで取材。夫が解雇された女性たちの姿も交え、『さいはての大地で〜国労闘争団の14年』など2本を制作した。いずれも、ギャラクシー賞や民間放送連盟賞を受けている。

『映像』の作品リストを眺めると、戦争の傷や差別に苦しむ人、老いや障害や病気を背負う人、在日コリアンや外国人労働者、災害被災者や遺族、冤罪や過労死など、立場の弱い者、国家や組織と対峙する個人の側に立つものが多い。それこそがドキュメンタリーの要諦とする伝統があるのだろう。

現在のディレクター、斉加尚代は「この番組があるからMBSを選んだ」と話す。ただし、よく聞けば、ジャーナリスト志向が強かったわけではない。男女雇用機会均等法施行の翌年、87年入社の斉加が第一に考えたのは「女性が長く働ける職場」だったという。

「大学は東京でしたが、宝塚市出身なので、関西に戻って長く働きたかったんです。子供服の会社とかインフラ系とか業種に関係なく受けた中の一つがテレビ局。ちょうど在阪民放が女性総合職の採用を始めた年です。二つの局の最終面接に残り、どっちを選ぶかという時にMBSの『映像』が決め手になった。新聞ですか？　当時は、大阪社会部＝事件記者の印象が強く、わたしには無理……と受けませんでした」

入社後2年は社長室秘書部。3年目から記者として現場に出た。事件取材は無理と思っていたが、MBSで女性初の一課担（大阪府警捜査一課担当）も務めた。「当時はセクハラがひどくて取材も大変でしたが、「女だからできない」と言われてはいけないと、自分の中では相当頑張った。その後、内勤（遊軍）になり、中学校の保健室登校に密着したのが教育取材の最初です」と振り返る。学校の現場を伝えるニュース特集を積極的に作り、『映像』など1時間番組も3本制作した。そんな歩みの先に今がある。

斉加と同期入社のアナウンサーだったドキュメンタリー映画監督の三上智恵は言う。

「ＭＢＳは在阪局の中でもバンカラな、粗野だけど正義感あふれて情にもろい雰囲気があり、報道部の記者は輝いて見えました。その中でも特に優秀な人が『映像』班に選ばれるイメージでしたね。沖縄の局に移ってすぐ1本目のドキュメンタリーを作った時には、ＭＢＳの誰々さんならどうするだろうと自問しながら探っていったのを覚えています。あの頃のＭＢＳ報道部がわたしの背骨であり、今も仕事の基盤になっています」

だが、視聴率という指標で見れば、現実は厳しい。平均で2%前後。3%台に乗ればいい方だ。放送開始時間も当初の23時30分からずるずる遅れ、今では日付を越えて24時50分、つまり月曜の午前1時前からとなっている。少数の熱心なファンと、賞という業界の評価に支えられ、かろうじて放送枠を守っている。ＭＢＳに限らず、テレビ局でよく耳にするドキュメンタリーの現状だ。

*

「いつの時代も営業的には厳しいドキュメンタリーに、これだけ人員を割いているのは、間違いなくＭＢＳの報道機関としての矜持だと思います。逆に言えば、ＭＢＳが『映像』をやめるようなことがあれば、その時に何かが足下から崩れるのではないかという危惧も覚えます」

三上が古巣へ送る、祈るようなエールである。

†バッシングを追い、自らバッシングを受ける

視聴率とは異なる面で、放送前から異様な注目を集めた斉加の番組がある。18年12月放送の『バッシング〜その発信源の背後に何が』。安倍政権下で研究者や弁護士、マスメディアに向けられた言論封殺を目的とする攻撃を取り上げたものだ。政府に批判的であったり、異論を唱えたりする者を「反日」と決めつけて叩く言説がネットを介して燎原の火となる。発信源には、与党議員やシンパと見られる扇動者たちがいた。

斉加は、バッシングを受けた当事者に取材したうえで、その発信者たちに次々と当たっていく。だが、彼らは揃って、耳を疑うような言葉を語る。

たとえば、「科学技術研究費助成事業（科研費）が反日プロパガンダに使われている」と国会質問をした自民党の杉田水脈衆院議員。「慰安婦は捏造」との主張を繰り返し、この問題を性暴力と見て研究する牟田和恵・大阪大学教授に矛先を向けた。〈税金を反日活動に使われることに納得がいかない〉〈人名を検索すれば誰がどんな研究で幾ら貰ったか

＊RSK山陽放送（岡山・香川）は、水曜夜8時というゴールデンタイムに『RSK地域スペシャル　メッセージ』と題したドキュメンタリー番組を8年以上続けている。

『バッシング』の一場面（MBS 提供）

すぐわかります〉とツイッターで「科研費監視」を呼びかけた杉田議員は、しかし、斉加が取材を申し込むと、こう言って断ってきた。「科研費に詳しくないのでインタビューは受けられない」——。

裁量労働制の対象拡大をめぐり、厚労省の不適切データを検証した上西充子・法政大教授に対しては、自民党の厚労部会長だった橋本岳衆院議員が〈噴飯ものもいいところ〉と強く批判する文章をＦａｃｅｂｏｏｋに投稿した。政府に都合の悪い研究者に対する恫喝・中傷と言えるが、斉加の取材に応じた橋本議員は「感情的になって筆が滑った」と笑いながら言い、悪びれる様子もない。

さらに、杉田議員の「ＬＧＢＴには生産性がない」という寄稿を発端に廃刊となった『新潮45』の問題。保守系雑誌『月刊Ｈａｎａｄａ』は「朝日新聞が最初に杉田論文を問題視し、新潮社社員と連動して雑誌を潰した」とする記事を載せたが、最初に報じたのは毎日新聞だったと斉加が指摘すると、花田紀凱編集長はあっさり認め、やはり笑いながら言う。「そうなんだよね。それはね。でも、毎日新聞は（批判対象として）弱いんですよね」「毎日じゃあ（雑誌は）売れない。やっぱり朝日新聞じゃなきゃ」。

私が最も驚いたのは、第2章の琉球新報編でも触れたブログ「余命三年時事日記」の主宰者から斉加が引き出した言葉である。同ブログは、朝鮮学校への補助金支給を求める日弁連の会長声明に賛同した弁護士や在日コリアン弁護士たちを標的にし、読者に懲戒請求を呼びかけた。直接関わりのない弁護士にも飛び火し、その一人、佐々木亮弁護士に届いた懲戒請求書は3000件にも達した。

斉加はブログ主宰者の住所と電話番号を調べ、接触を試みる。ちょうど琉球新報取材班が彼を追っていたのと同時期だ。同紙記者には着信拒否だった電話が、カメラの前でつながる。そして、ブログ主は滔々と自らの主張を語り始めた。

「（懲戒請求の）呼びかけなんかしてません、別に。事実関係を書いただけで。在日朝鮮人の闘いの方向が日本乗っ取りという形で進んでいるだけの話で。事実乗っ取られているというのは、これは間違いがないので」

――間違いなく乗っ取られてるんですか。日本弁護士連合会が？

「全部抑え込むだけの力がある。そういう組織、お金を持ってるところはどこだと言えば、わかるでしょ」

——それは在日の人たちなんですか。

「（当然だという調子で笑い）そりゃ誰だってわかるわな。何千万何億とお金が動いて抑え込んでるわけだから。いわゆる弱者の知恵で、どういう形でやるのが日本乗っ取りに有効かと一生懸命考えてやってきたわけですから。それが今、結果を出してるということですよね」

荒唐無稽な陰謀論を得々と話す男の感覚に驚くが、さらに信じ難い言葉が続く。

——じゃあ書かれたんですね？　ブログを。

「実際に書いているものっていうのは、初期のあれなんか単なるコピペですからね。（コピペ？　と聞き返すと）コピペですよ。他のいろんな情報なんかの。本人の体験というものは、ほとんど入ってないんですね」

——じゃあ作り話ですか。

「作り話じゃないですよ。事実をコピペしているだけで。何の変哲もない普通のコピペブログですよ」

筆者が「コピペ」と明言するブログを書籍化した出版社「青林堂」へも、斉加は取材を申し込む。拒否されるのだが、ここから自身へのバッシングが巻き起こる。青林堂のツイッターが斉加の実名と取材依頼をめぐる虚偽の経緯を流し、「ブラック記者」と攻撃し始めたのである。

こうして番組は放送前からネットで炎上する。青林堂のツイート以降の6日間で、斉加を名指しするツイートは5000件を超えたと番組は最後に明かし、発信者の分析結果をこう説明している。

〈その発信源を調べると、ランダムな文字列のアカウント、つまり「使い捨て」の疑いが一般的な状況に比べ3倍以上も存在した。およそ2分に1回ひたすらリツイート投稿するアカウントも複数存在した。取材者を攻撃する発言数が最も多かったのは「ボット」（自動拡散ソフト）の使用が強く疑われる。つまり、限られた人物による大量の拡散と思われる〉

攻撃は放送後も続いた。番組当日から10日間の投稿を調べたところ、斉加の名前を含むツイートは4万7007件。リツイート数の上位50件のうち、39件が否定的な内容だった。ところが、局にメールやファックスで寄せられた反応は違った。番組への感想は85件に上り――これ自体、異例の多さだ――うち61件が肯定的な評価だった。

番組は、ネット上で巻き起こるバッシングの発信源と構図に迫るとともに、それらが実際の視聴者の反応とは一致しない、それどころか真逆である可能性を明らかにしていた。

†すべては「事実」から始まる

こうしてバッシングを受けた経験を取材で聞いていても、斉加の表情に深刻さはない。まったく動じないわけでもないのだろうが、気に病んだり、逆に憤ったりしているふうでもない。強い、ということか。何が彼女をそうさせるのだろう。

「最初に橋下氏の件で叩かれた時は何が起きたかわからず、メディア関係者の反応もショックで消耗しました。だけど、沖縄の基地反対運動を取材して思ったんです。彼らへのデマ攻撃に比べたら、プロである自分へのバッシングなんて、たいしたことないなって」

フェイクやヘイトの発信者と相対する時も、番組内のやり取りを見る限り、怒りや正義感を持って「追及する」姿勢ではない。きわめてフラットに見える。

「怒りや正義感……も少しはありますけど、もっと素朴な好奇心、知りたいという気持ちの方が強いですね。あなたにはあなたの事情や言い分があるでしょう。それを聞かせてください、という感じ」

取材とは基本的に、論戦を挑んだり、批判をぶつけたりする場ではない。相手の考えや説明をできるだけ引き出し、発言内容を「事実」として伝えるために行う。もちろん語られた言葉をそのまま全部流すわけではない。現場で質疑し、肉声に接した取材者として、発言の意図や背景を理解し、批評や検証や解釈を加え、再構成して伝える。報道の本質はその内容だけでなく、「伝え方」に表れる。そして、斉加のドキュメンタリーは、事実の発掘はもちろん、伝え方においても成功している。反発も含め、多くの反響や議論を巻き起こすのは、それゆえだろう。

と、私が感想を伝えると、「そうでしょうか」と腑に落ちない様子だ。本人としては、あくまで事実を提示しているだけなのだと言う。

「わたしは番組で自分の考えを主張しているつもりはないんです。善悪を決める立場じゃないし、結論も出さない。言い切らない。取材で集めてきた事実、現場の空気感、自分の発見や驚いたことを提示して、あとは視聴者にゆだねる。答えはあなたが見つけてください。そういうスタンスですね」

取材者の意識は、あくまで「事実の提示」。しかし、それが体制に批判的・懐疑的であると「強い主張」や「偏向」に映り、ある層からは「反日」や「左翼」と叩かれる。沖縄の新聞社と同じようなことが大阪でも、いや日本全体で増えているのかもしれない。事実を事実と受け入れられない時代……?

上司である澤田は、斉加の番組や取材姿勢をどう見ているのだろうか。

「斉加の取材テーマは教育や歴史認識、沖縄やメディアですが、もっと大きく言えば、民主主義や言論状況ということになるでしょう。われわれの社会が大事にしてきた普遍的な価値観が今、政治によって歪められようとしている。どこかおかしくなっている。そういうテーマに取り組む人間は、今のテレビには少ないんです。どちらかと言えば、関わりたくない。面倒くさいからです。政府や自民党の圧力もあるし、ネットをはじめ市民からの反発もある。テレビは今、双方から挟み撃ちに合っている。

そういう状況なので批判や抗議、ネット炎上もあるでしょう。会社は嫌がるやろうなあと思いつつ、私も歳のせいか、番組がネットで攻撃されようが、炎上しようが、まあ別にかまへんわという心境になってきましてね。いちいち気にしていてもしょうがない。ただし、番組が提示した事実にだけは誤りがあってはいけない。そこだけはしっかり押さえようと言っています。ファクトさえ、こちらがしっかり持っていれば、批判や攻撃に動じる必要もないですから」

主張や評価ではなく、ファクトを――。本書で取り上げてきた秋田魁新報や琉球新報と同じ報道姿勢を、大阪のテレビマンである澤田も語る。

斉加は、自身の取材を「ママチャリ流」と称し、こんなふうに書いている。

〈どんな食材を集めればいいか、どこの店に行き、何を手にするかは、ペダルをこぎつつ考える。行先は誰からも命じられないし制限もされない。自由である。どこへ行こうか悩み、チャリを押して歩くこともある。「メニューをさっさと決めて走れ」、周囲はそう思うことだろう。だが、頭の中より現場のリアルが番組を作ってくれる。これまでもそうだった。現場をじっくり観察し、気づきながら前へ進む〉（『調査情報』2018年11〜12月号）

そして、ここにも大阪の教育現場での経験が生きている。

「わたしの場合、最初から番組構成を見通せていることはなくて、取材で得た事実によって番組の構成も変わっていく。非効率ですよね。だけど、無駄なことは一つもないと思っているんです。これは、保健室登校を取材している時に先生から聞いた言葉。「教育に無駄なことなんて一つもないのよ」って。すごくヤンチャで、先生のお尻を蹴ったりしていた子が、叱られたり、反発したり、ケンカしたり、いろんな関わりの中で少しずつ変わっていく。驚くほど成長していく。

ドキュメンタリーも、そんなふうに時間をかけて、できる限り丁寧に取材し、事実を積み上げていくものだと思う。頭で思い描いた通りに進んだ番組は面白くない。現場で驚くような言葉や場面に出会い、想定をはみ出してゆく。経験上、そういう時の方が視聴者に届く、面白い番組ができます。だから、わたしはよく言うんです。ドキュメンタリーは生き物だって」

追記

ＭＢＳは２０２０年11月、『映像シリーズ40年～関西発・真夜中のドキュメンタリズム』と題した作品を制作。他局の事情も取材して、ローカル・ドキュメンタリーの現状と意義を描いた。12月には本章で紹介した斉加の『教育と愛国』、澤田の『ふつうのままで』など過去の4作品をオンラインで配信。『教育と愛国』は映画化が決定し、２０２２年春以降に公開予定となっている。

一方、斉加が『沖縄　さまよう木霊』で取り上げた『ニュース女子』の問題は、基地反対運動をめぐる同番組のデマで名誉を毀損されたとして、辛淑玉氏が制作会社のＤＨＣテレビジョンなどを提訴。東京地裁は21年9月、名誉毀損を認め、同社に対し５５０万円の支払いと謝罪文掲載を命じる判決を下した。

第4章

瀬戸内海放送　ある調査報道記者の歩み

「これからは調査報道だ」とマスメディア業界で言われて久しい。記者クラブを拠点とする横並び取材で速報性だけを競う発表報道ではなく、権力や権威ある組織・人物について独自の取材を積み重ね、まだ社会に知られていない事実を、自社や各記者の責任で報じる。そのメディアや記者が報じなければ、決して明らかにならないニュースを発掘する。それこそが報道を活性化させる、と。

だが、新聞社やテレビ局の経営が厳しくなり記者の数も減る中、現場に余裕がなくなり、理想とは逆に報道はますます画一化しているようにも見える。規模の小さい地方メディア、とりわけ視聴率に追われるテレビでは難しいという声も聞く。

それでも、粘り強く調査報道に取り組む記者は各地にいる。彼らは地方にいることを強みに変え、「個」の力で知られざる事実を発掘する。香川と岡山を放送エリアとするKS

Ｂ瀬戸内海放送に、そんな記者の一人を訪ねた。

1　「ゲーム条例」の不透明さを暴く

†「憲法違反」を訴える高校生の会見

18歳未満のコンピュータゲームの利用は平日60分、休日90分まで――。香川県が２０２0年4月に施行した「ネット・ゲーム依存症対策条例」は、行政による家庭への介入であり、憲法違反ではないか。高松市の高校生と母親が県を相手取って損害賠償を求める訴訟を起こした同年9月30日の午後、高松地裁前に集まる報道陣の中に私はいた。この問題を追うＫＳＢ瀬戸内海放送の山下洋平記者（41）を訪ねてきたのである。

原告の高校生、渉さん（姓は非公表）と代理人弁護士が到着するのを待つ間に、山下は短いレポートを収録していた。「全国的に注目を集めたこの条例には、制定前からさまざまな切り口で反対の声が上がりました。そんな中、条例の対象である17歳の現役高校生が行動を起こしたことに、多くの支援が集まりました」――。

渉さんらが地裁に入る映像を撮り、記者会見場へ向かう時、山下がふと漏らした。「これだけ報道陣が集まる裁判は、高松では久しぶりですね」。20人あまりの記者とカメラマンの中で、山下は年かさに入るだろう。司法・警察担当が長く、裁判や捜査に疑問を持って追及する調査報道を数多く手掛けてきた。局での肩書は「報道クリエイティブユニット部長職」。30代後半にマネジャー（報道制作部長）を務めたが、「現場で取材を続けたい」と志願して管理職から専門職となり、記者に復帰した。

記者会見では、質疑をするのはもちろん、同僚のカメラマンとは別にハンディカメラを持って動き回り、終われば、取材に来ていたＹｏｕＴｕｂｅｒにインタビュー。局へ戻って夕方ニュース用に原稿を書き、映像の編集も自らする。小規模な地方局では、何でもこなさないと務まらない。だが、山下はそれをむしろ楽しんでいるように見えた。

ゲーム条例をめぐる争点は多岐にわたる。

まず、ゲーム利用時間の上限を具体的な数字で示すのは、憲法13条に定められた個人の尊重や自己決定権の侵害ではないかということ。県は「あくまで目安であり、強制ではない」と反論するが、渉さんは「心理的影響は大きく、事実上の強制になる」と主張する。

次いで、「法律の範囲内で条例を制定することができる」とした憲法94条に違反する疑いがあること。政府は、時間制限がゲーム依存症の防止になるという科学的根拠を認めておらず（国会の質問主意書に対する答弁書）、従って同様の法律はなく、新たに作る予定もない。

さらに、条例には「ゲーム依存」という状態、「ゲーム依存症」という病名、WHO（世界保健機関）が指摘した「ゲーム障害」などの言葉が混在し、何を対象とするか明確でないこと。新型コロナ禍でネットやゲームを介したコミュニケーションの機会が増える社会状況に逆行するという問題もある。そして、県議会が提案・主導した条例制定の過程が不透明で、恣意性が指摘されていること。これは後述するように、山下らの報道で明らかになった部分が大きい。

渉さんは条例の素案を知り、1月から反対の署名活動を行ったが、結局、3月に可決成立した。訴訟を決意し、クラウドファンディングで支援を呼びかけると、全国から600万円を超える額が集まった。条例施行から半年経って提訴したのは、違憲の条例を放置した県議会の「立法不作為」を問う意味もある。

会見ではこうした経緯を振り返り、「ゲームの時間は各家庭がしっかり決めるべきであって、行政が決めるべきではないと思っています。全力で、僕の全身全霊をかけて、この裁判を戦っていきたい」と、あらためて主張した。弁護士は、同様の条例が秋田県大館市や大阪府でも検討されていることを挙げ、「いろいろ問題のある条例が、このまま全国に広がっていいのか」と問いかけた。

高松地裁前で渉さんを取材する山下記者（中央）

会見終了後、渉さんに聞いてみた。この訴訟において、マスメディアに期待することは何か。そして、地元局KSBの報道をどう見ているか。

「ゲーム条例は、香川県だけでなく全国に通じる問題。さまざまなメディアで継続的に報道してもらい、多くの人に関心を持っていただくことが裁判の力になると思っています。その中でもKSBは特によく取り上げてくれているし、報道内容を見ても、山下さんが当事者並みに問題意識を持って調べ、深く理解されていると感じます。すごく熱心で、熱血教師みたいな人。あの誰がどう見ても不自然なパブリックコメントの件を指摘したのも、山下さんが早かったですし」

条例案に寄せられた多数の不自然なパブリックコメント。そこに目を留めたことが、山下がこの件を取材するきっかけだった。

†不審なパブコメ、不透明な条例制定への「怒り」

〈香川県ゲーム依存対策条例　8割超「賛成」も事業者は「反対」〉という自局のニュースを山下が見たのは20年3月12日、休みを取って自宅にいた夕方だった。香川県議会がゲーム条例の素案に対するパブリックコメントの集計結果を公表した。県民や事業者から2686件が寄せられ、84％が条例に賛成だった――。これにすぐ違和感を持ったのは、「肌感覚」だったという。

「まず、2700件近い件数ですね。ゲームの時間制限の問題でいくら注目度が高いと言っても多すぎる。過去のパブコメはほとんど一桁ですから。8割以上が賛成という一方的な結果も、ツイッターなどで見ていた反応とはかけ離れていた。明らかにおかしい、ありえんと直感的に思いました。〝組織票〟も当然疑われますよね」

不審な点は他にもあった。パブコメの募集期間は通常1カ月間だが、この件は15日間しかなかった。公表された概要版は、圧倒的多数のはずの賛成意見はわずか1ページのみ。多くが反対意見で、内容も具体的だった。そもそも、パブコメは単純に賛否を問う投票ではなく、多様な意見を反映するために行うものなのに、なぜ投票の勝敗を決めるような形で公表したのか。数の力で押し切り、成立を急いでいるのではないか……。

しかし、原本を見ないと何とも言えない。翌朝一番に県議会へ行き、パブコメの原本すべてを情報公開請求した。

香川県議会では、前年の19年春から条例提案へ向けた動きが起こり、9月に検討委員会が設置された。委員長は自民党保守派の議員で、当時議長を務めていた大山一郎氏。背景には、地元の有力紙、四国新聞がゲーム依存症対策のキャンペーンを展開し、同年の新聞協会賞（経営・業務部門）を受賞するなど、高く評価されたことがあったとも言われる。

一方、年明けの1月に素案が公表され、波紋が広がると、朝日新聞が先行して県版で深く報じていた。別の番組編集を抱え、横目で見ていた山下にとって、このパブコメへの疑問が取材の出発点となる。

「憲法上の問題や科学的根拠の薄さなど、条例の内容もおかしいと思います。でも、何にいちばん怒りを感じているかと言えば、制定過程のおかしさです。不透明すぎる。検討委員会は議事録を残しておらず、審議も途中から非公開になった。情報公開請求は通常、2週間以内に返事があるのに、パブコメの件数の多さと個人情報の黒塗り作業を理由に、なかなか公開されませんでした。そうこうするうち、3月18日に条例はあっさり可決されてしまった。その後、検討委員だった議員のみ原本の閲覧が許可されましたが、内容を他言

パブコメの検証作業。『検証　ゲーム条例』（KSB 瀬戸内海放送）より

しないという誓約書を求められました。

こんなやり方を許してしまうと、議会の過半数を握れば、どんな条例でも作れてしまう。住民に不利益でも、非科学的な内容であっても、主力会派に数で押し切られる。そして、事後の検証もできない。成立したから終わりじゃなく、おかしいことはおかしいと言い続けないといけない」

物腰は柔らかく、主張は論理的だが、山下の取材動機には怒りがある。こんなことが許されていいのか、民主主義や社会制度の破壊ではないか、と義憤に駆られている。

こうした異論に対して、「文句があるなら選挙で勝て」「議会や首長も民意で選ばれている」と反論の形を取った体制擁護論がしばしば起こる。だが、山下は言う。

「選挙で勝てば白紙委任で、何をやってもいいというわけじゃない。そもそも、香川県議会は定数41の半数近くが無投票当選の議員です。それで本当に民意を反映していると言えるのか」

議員のなり手が少なく、一部の有力議員や会派が当局と癒着しながら議会を支配し、議論は形骸化する。地方政治・行政の問題は全国に共通している。

パブコメの原本は結局、請求から1カ月後の4月13日、午後3時頃に公開された。夕方ニュースが始まるまで1時間半しかないが、一報は突っ込みたい。山下は段ボール2箱分、A4で4186枚に上るコピーを持ち帰ると、若手を動員して、すべてに目を通した。不審な点はすぐに見つかった。

賛成意見は「パブリック・コメントへの意見　賛成いたします」という同一の文面で、改行スペースまで同じものが数多くあり、送信日時は同じ日の同じ時間帯に集中していた。同一の文面は他にもあり、特に四つのパターンが目立った。「皆の意識が高まればいい」176通、「明るい未来を期待して」142通、「子供達に与える影響様々」137通、「判断の乏しい大人を生み出さない為に」128通。不正や違法とまでは言い切れないが、組織か個人か、何者かの意図で「民意が作られている」のは明らかだった。その日のニュースで〈多数を占めた賛成意見「全く同じ文章」が何パターンも〉と一報を流すと、ネットを中心に大きな反響があった。*

「おかしいことはおかしいと言い続けないと」と山下が語ったように、県内外から異論が次々と上がった。香川県弁護士会は「子供の余暇時間や保護者の教育に公権力が介入するべきではない」と憲法違反を指摘し、条例廃止を求める会長声明を出した。県議会で反対・棄権した3つの会派は、制定過程を検証する委員会の設置を求めた。大山氏の後任の議長は「必要ない」と退けたが、問題は今もくすぶっている。渉さんが起こした訴訟も、そうした流れの中にある。

山下はさまざまな機を捉えて条例の問題をニュースで取り上げ、6月には『報・動・力』というドキュメンタリー枠で『検証　ゲーム条例』と題する番組を制作した。

ここでは不審なパブコメをさらに詳しく分析・検証しつつ、県議会が提出したスマートフォンの利用時間と成績低下を関連付ける資料が「疑似相関」の可能性があることを研究者への取材で明らかにした。一方で、ゲーム依存症の治療に当たる病院や回復支援施設、依存症の当事者にも取材し、この問題が決して軽視できない深刻さをはらんでいることも伝えている。

賛否さまざまな立場の声を紹介したうえで、それでもやはり行き着くのは、時間制限を条例化したことの是非と制定過程の不透明さだ。ＹｏｕＴｕｂｅで公開し、現在も見られる番組の最後を、山下は「取材はこれからも続けます」と結んでいる。

私も放送当日に見て、取材の視野の広さとバランスよく伝える構成力を感じた。条例制定を主導した元議長の大山氏にマイクを向け、拒否されても食い下がる場面は、なんとか事実を語らせようとする山下の粘り強さが現れていた。そう感想を告げると、こんな反応が返ってきた。

「一連の報道への反響は特にネット上で大きくて、もちろん注目していただけるのはありがたいんですけど、自分としては、今までやってきた調査報道と比べて、特筆されるものとは思ってないんです。情報公開請求は普通に使う取材手法ですし、だからこそ他の新聞社もやっている。不審なパブコメを見つけたといっても、誰が見ても一目瞭然でしたから。まあ、記者の基本動作を丹念にやったという感じでしょうか」

高松市出身の山下は２００３年に入社し、現在18年目。もともとアナウンサー志望だったという。東京の大学時代は演劇に熱中し、一時は俳優を志したが断念。全国の放送局のアナウンサー試験を30社以上受けて落ち続けた末、最後に採用されたのが故郷の香川県と

＊朝日新聞もパブコメ原本を情報公開請求し、翌14日の朝刊で報じた。ＫＳＢとは「同着」ということになる。

岡山県を放送エリアとするＫＳＢだった。１年目から警察・司法担当となり、「いちおうアナウンサー試験を受けて入ったのに、出番は現場レポートのみでした」と笑う。だが、この時期、事件や災害の現場を駆け回りながら取材の面白さに目覚めていく。

新人の山下に記者の素質があると見て鍛えたのが、当時、報道制作担当の役員だった高山桂一（73）である。毎日新聞の元記者で、１９７０年代に大阪社会部で事件取材を担当した後、30歳で故郷の高松へ戻り、ＫＳＢに入社した経歴を持っている。

「ＫＳＢは１９６９年開局の後発組で、人数も予算も少ないローカル局やったから、記者は取材・撮影・現場レポート・編集・ナレーションまで、何でもやらないかんかった。取材体制もノウハウも新聞社とは比べ物にならんわけですよ。それでも「このネタだけは新聞に勝つ」という気概でやれ、横並びの競争やなく自分だけの独自ダネを取ってこい、と鼓舞してましたね。「新聞を抜いたら金一封や！」と賞を作ったりしてね。

山下は入社当時、それほど目立つやつでもなかったんですが、日々のニュースの映像を見てると、絵づくりがなかなかうまくてね。テレビというのはニュースを立体的に見せて、視聴者に印象付けないかんのやけど、何をどう撮れば、現場の状況や取材対象の人物像がよく伝わるかというセンスがあった。聞いてみたら演劇をやっていたというから、なるほどなと思いました。取材対象に臆せずズカズカと迫っていく、ええ意味での厚かましさ、不正を許せないとストレートに怒る気持ち、それにしつこさもあってね。これはおもろいやつがおるな、と」

高山の語り口は、いかにも「大阪ジャーナリズム」の時代を生きた、自由で豪放な社会部記者のそれだった。

今ではベテランの域に入りつつある山下は「地方に根差した調査報道記者」でありたい、と言う。その原点には「新聞に勝て」「独自ダネを取れ」と言い続けた高山の教えがある。彼のバックアップを受けて初めて調査報道に取り組んだのが、3年目に取材した福祉施設の補助金をめぐる高松市の汚職事件だった。

2　司法は市民に応えているか

†「福祉利権」の構造に挑む

『福祉と利権の構造』。KSB瀬戸内海放送の山下洋平が入社3年目の若手記者だった2006年、夕方ニュースで10カ月間、計13回にわたって報じた特集と、それをまとめたドキュメンタリー番組のシリーズタイトルだ。高松市の特別養護老人ホーム建設に国と市から支給された6億円の補助金をめぐる汚職事件を追っていた。

事件は前年秋、施設を運営する社会福祉法人の理事長と市会議員が贈賄罪で起訴されたことから始まる。「陰の市長」と呼ばれ、補助金認可に強い影響力を持つ市の助役に200万円を渡すよう市議が理事長に持ち掛け、賄賂を仲介した。香川県警の調べに市議は金の受け渡しを認めたが、直後に失踪し、行方不明になっていた。助役はいったん金を受け取ったものの、数日後に返却したといい、立件されなかった。そして、疑惑について一切語らないまま、健康上の理由で辞任した。

この経緯に山下は疑問を抱き、動き出す。「説明責任があるのでは」と出勤途中の助役を直撃し、辞任後も自宅を訪ねて「話を聞きたい」と食い下がった。「若さゆえの勢いです」と本人は振り返るが、この件でデスクを務めた高山桂一が評したように、取材対象に臆せず迫る姿勢、不正に憤る気持ちが画面からほとばしり出ている。

取材は、その高山が社会福祉法人理事長の単独インタビューを取り付けてきたことから大きく進展し、シリーズが始まった。

「理事長の証言をもとに捜査本部や関係者への取材を進めると、失踪した市議のボスに当たる別の有力市議や市役所職員が関与していたことがわかりました。補助金認可の見返りに、4人の人物が成功報酬として2000万円以上を分け合うことを記したメモも入手した。そこには助役や有力市議だけでなく、国会議員と見られるイニシャルも書かれていました。これはもっと根の深い構造的な問題があるはずだと見て、番組で追及していったわけです」

賄賂を持ち掛けた市議は金の「運び屋」でしかなく、背後に、市議会と市役所ぐるみで補助金にたかる利権構造——山下は「たかりの二重構造」と番組で呼んだ——が浮かび上がってきた。それを守るために市議は姿を消したのだろうか。失踪直前には「2000万円用意できないと死なないかん」と知人に漏らしていた。トカゲの尻尾切りで幕引きさせてはならない、と山下は追及を続けた。だが、なぜか他社は追随しない。市長からは「瀬戸内海放送が予断を持って報じている」と会見で面と向かって批判される始末だった。

「一社だけが独走する、いわゆる〝ひとり旅〟でしたね。市役所や議会でも嫌われ、取材拒否されるばかりか、名刺すら受け取ってもらえない状況でした」

ところが取材開始から3カ月近く経った06年2月、捜査が急展開する。補助金認可後に3000万円の受け渡しがあったとして、助役が収賄容疑で、有力市議と理事長が贈賄容疑で逮捕されたのだ。裁判では全員があっさり罪を認めた。助役は「議会との関係を考え、不正を表に出す勇気がなかった」と言い、有力市議は「(失踪した)同僚市議からの頼みを断りきれなかった」と釈明した。事件の構図は山下の見立て通りだったが、2人とも失踪した市議――後に遺体で見つかった――に責任をかぶせ、まるで被害者であるかのように開き直った。

有罪判決を受けて、市長はKSBを批判した発言を撤回し、「私の判断が間違っていた」と述べた。高松市議会は、不正を解明する百条委員会を42年ぶりに設置したが、事件に関与した市議が所属する最大会派は消極的な姿勢に終始し、結局、尻すぼみに終わる。

福祉利権の構造は最後まで解明しきれなかったが、山下は一定の手応えを感じていた。一つは、独自に追及し続けた疑惑が事件となり、有罪判決まで至ったこと。もう一つは視聴者からの反響だった。山下はこの事件を報じる際、必ず自分の顔を出し、一言コメントを加えるようにしていた。新聞の署名記事のように、記者個人の責任を明らかにするためだったという。

「その影響か、『KSBだけがこの問題を追及してくれている』『山下記者頑張れ』という視聴者の声が数多く届きました。そんなことは普段あまりないので、励みになりましたね。会社が自由にやらせてくれたのも大きい。実は、事件の途中で僕は岡山本社へ異動になったんですが、岡山県警を担当しながら高松に通ってきては取材を続けていた。会社がそれを許してくれましたし、高山も『おかしいことはおかしいと言い続けろ。とことんやれ』

とバックアップしてくれたんです」

入社3年目に遭遇したこの事件から調査報道記者としての山下の歩みは始まり、次の取材へとつながっていく。「香川に面白い記者がいる」と話が伝わり、放送エリアではない高知県から情報が寄せられたのだ。全国から注目を集めた「高知白バイ衝突死」である。

†司法に疑念を抱いた「高知白バイ」報道

これは警察が証拠を捏造した冤罪事件ではないのか――。その一点の疑惑を徹底的に追及したのが、山下による高知白バイ衝突死の調査報道である。2007年8月、被告の支援者から「話だけでも聞いてほしい。高知のマスコミはどこも耳を傾けてくれない」と電話を受けて始まった取材は11年に及び、KSBの夕方ニュースで放送した特集は35回に上った。現在も局のHPで一部公開されている。

事故の概要と裁判の経過を振り返る。

06年3月、高知市内の国道で、遠足の中学生を乗せたスクールバスと高知県警の白バイが衝突し、交通機動隊員が死亡。バスを運転していた片岡晴彦さんが逮捕・起訴された。駐車場から車道に出る際に安全確認を怠って走行した業務上過失致死罪に問われたのだ。しかし片岡さんは、車道に出て一旦停止していたバスに白バイが高速で突っ込んできたとして、無罪を主張。バスに乗っていた生徒と教員計25人、すぐ後ろの車から見ていた校長をはじめ、これを裏付ける多くの証言があった。だが、一審の高知地裁は検察側の主張を全面的に採用。片岡さんは禁固1年4カ月の有罪判決を受け、高松高裁に控訴した。山下が取材を始めたのは、この時期だ。

最大の争点は、路面に残っていたとされるブレーキ痕だ。片岡さんは事故当日の実況見分で、これを見ていない。8カ月後の地検の調べで「白バイとぶつかった後に急ブレーキをかけた証拠だ」と初めて写真を見せられた。だが、そこに写るブレーキ痕は、長さや色の濃さ、形状など不自然な点がいくつもあった。警察が身内と組織を守るために証拠を捏造したのではないか。片岡さん側はそう主張した。

山下も同じ疑念を抱く。目撃者や交通事故鑑定人に取材を重ね、同型のバスを使用して現場を再現する検証実験も行って不審点を指摘していった。しかし司法判断は覆らない。高裁、最高裁とも一審判決を支持し、片岡さんは服役した。出所後に再審請求するが、これも18年5月に最高裁が棄却。同月に放送された35回目、現時点で最後となっている特集は、事故当時の52歳から64歳になった片岡さんの語りで終わっている。「本当に、止まってるバスにブレーキ痕がつくということ自体がおかしいんじゃやけん」……。

長期にわたる取材で浮かび上がったいくつもの論点と、無実を主張しながらも司法の厚い壁に阻まれ、人生を翻弄された片岡さんや家族の姿は、折々の特集とそれを元にした4本のドキュメンタリー番組、それに山下が09年に著した『あの時、バスは止まっていた　高知「白バイ衝突死」の闇』（SBクリエイティブ）で詳細に記録されている。

判決は覆らなかったとはいえ、一連の調査報道はネット上でも大きな話題を呼び、高知のできごとを全国に知らしめた。14年度にはギャラクシー賞の報道活動部門で大賞を受賞。その賞状には〈県域を超えて他県の「権力の闇」を執拗に追及し続けた記者魂を高く評価します〉と記された。

事故はKSBの放送エリア外で発生し、現地の記者クラブにも属していない。それを理由に、高知県警や高知地検は取材を拒否した。逆に、「他県の事件だから追及できたんでしょう」と口さがないマスメディア関係者もいる。地方メディアは地元権力を批判できないだろう、という意味だ。山下は反論する。

「そんなことはありません。これが香川県警であっても自分はやった。高松市役所の汚職を追及した経験があるから自信を持って言えます」。そして、こんなエピソードを語った。

「ある時、香川県警の幹部に一対一で取材する機会がありました。その場で高知白バイ衝突死の話になり、言われたんです。『立場上、よその県警のことは何も言えんけど、一人の人間としては応援しとるから』と。警察側にも、あの捜査をおかしいと感じている人がいる、報道は間違っていないと自信が持てました」。

問題は警察・検察だけではない。この事件を機に山下は司法へ目を向けるようになる。

なぜ被告側が提出した数々の反証を裁判官は一顧だにせず、切り捨てるのか。なぜ「捏造などできるはずがない」と常識論で片付け、まるで筋書きがあるように審理が進んでいくのか。判決理由を書面でしか示さず、当事者や市民が異論や疑義を唱えても説明しないで許されるのか。

山下の著書の中で、裁判官出身の弁護士たちが語っている。

「警察や検察がいい加減なことをして、罪のない人が処罰されるということが許されるわけがない。（略）そこを忘れて検事の言うとおりに有罪判決にしてしまえばいいと、それなら裁判所はいりませんよね」

「残念なことに、今の日本の裁判所は、国家権力に極めて弱い。裁判官の大半は「ヒラメ判事」なんです」

取材を積み重ねるうちに膨らんでいった司法への疑念は一連のドキュメンタリーの中の1本にまとめられ、15年2月にテレビ朝日系列の『テレメンタリー』で全国放送された。題名に山下の問題意識がストレートに表れている。『裁判官はその目を閉ざした』――。

†裁判所の〝神話〟を疑う

私が初めて山下の番組を見たのは、２０１６年に全国放送された『患者は殺人犯になった』である。高松市の精神科に入院中の男が犯した通り魔殺人事件と、28歳の息子を殺された遺族夫婦の10年を追うドキュメンタリーだった。

生々しい衝撃のシーンから番組は始まる。05年12月の事件発生翌日。犯人がまだ逃走中だった時、現場を取材する山下の前に目撃証言と合致する男が現れるのだ。頬に傷のある、あずき色ジャンパーの男。カメラを一瞥し、何も言わず立ち去る。もしや容疑者では……？　山下とカメラマンは半信半疑で後を追う。同時に山下が携帯電話で警察に通報。ほどなく駆け付けた刑事が男に任意同行を求め、夜になって殺人容疑で逮捕される。その一部始終が映っている。山下が入社3年目のことだった。

「あの日、現場になったショッピングセンターの駐車場で地取り（聞き込み取材）をしていた後輩記者から連絡があったんです。「刑事が犯人と同じ格好で店に聞き込みをしています」って。同じ格好？　警察がそんなことするかなと思いながら現場へ行きました。カメラを構えて待っていると、店のドアが開いて、その男が出てきた。刑事なら「撮るな」と言うか、顔をそむけるか、何か反応するでしょう。でも、まったく気にする様子がない。

それで気になって追いかけたんです。５mほど間隔を空けて」

近くの病院に入院中だった男は、統合失調症など20年以上の精神科受診歴があり、当時は社会復帰訓練で一日2時間の外出が許可されていた。その外出中に事件を起こしたのだった。刑事裁判では責任能力があるとされ、25年の懲役刑を受けた。現在も服役中だが、事件はまた別の方向へ展開していく。

遺族夫婦が「犯人の親も、ずさんな精神医療の被害者だ」という考えに至り、加害者の親と一緒に病院の管理責任を問う民事訴訟を起こしたのである。争点は三つ。男がイライラして自分で付けた頬の傷――煙草を押し付けた「根性焼き」だった――を見逃し、外出させたこと。事件当日、男が主治医の診察を求めていたのに応じなかったこと。抗うつ剤の投与中止など薬の処方変更が、男の精神状態を悪化させたこと。「精神障害者の社会復帰は理解できるが、病院の管理と責任が前提。それを怠った」と訴えたのだ。

しかし、高松地裁は訴えをすべて退け、病院の過失を一切認めなかった。事件から10年後の控訴審判決も同じだった。しかもこの時、高松高裁は理由を説明することなく判決を1カ月延期し、その間に被害者の父親は脳出血で倒れてしまう。後には、判決文で被害者の親と加害者の親を取り違えるという信じ難いミスまで判明した。番組で、被害者の母親が司法への強い不信を口にしている。

「日本は一市民の人権などないに等しい国ですね。本当に情けないです。10年頑張りましたけど、あんたら市民はね、いつでも死んでいいんだよって、そう言われた気がします」

この悲痛な言葉に、高知白バイ報道から続く山下の怒りが重なって見える。被害者や弱い立場にある者の声を聞かず、救済しないばかりか、精神的・肉体的に追い詰める司法とは何なのか。

「立法・司法・行政の三権の中で、司法は最も批判・検証されない権力ですよね。一般の市民には裁判所への〝神話〟みたいなものがあって、政治家や役所、警察や検察に比べて、まだまだ信頼は強いと思います。仮に無実の罪に問われても、裁判所はちゃんと正しく判断してくれると、なんとなく信じられている。いや、そんなことない。裁判官も官僚主義ですし、証拠を都合よくつまみ食いする。だから、きちんと監視しないといけないということを、もっと知ってもらいたいんです」

山下は岡山勤務時代の09年にも、司法判断を問う印象的なドキュメンタリーを作っている。番組タイトルは『唐辛子を口に入れたのは誰か』。

4歳の男児が大量の七味唐辛子を気管に詰まらせて死亡した。母親の虐待だとして、検察は傷害致死罪で起訴したが、山下が医療関係者らに取材を重ねたところ、男児が誤飲した事故の可能性も否定しきれなかった。母親が男児をかわいがっていたという証言も複数

局の通路の一角にアーカイブを保存する棚があった

あり、何よりも、拘留中の母親と手紙のやり取りや面会を重ねると、とても嘘を言っているようには思えなかった。一審では結局、母親に懲役4年6カ月の有罪判決が下された。だが、司法判断は本当に正しかったのだろうか——。

「番組では、虐待を主張する検察側と、不幸な事故だったとする弁護側、双方の見方をバランスよく並べましたが、個人的には判決に疑問が残りました。母子2人の密室のできごとの解明は、虐待があったという検察側のストーリーに偏って進み、最後は、4歳児が自ら唐辛子を口に入れるとは考えられないという常識論で結論づけられた。「疑わしきは被告人の利益に」という原則に沿っていません。ちょうど裁判員裁判が始まる直前の時期だったので、視聴者に問いかけるつもりで番組を作ったんです。あなたはこの事件を裁けますか、と」

この件も、粘り強く取材を続けたのは山下だけだった。逮捕時には「虐待死」とセンセーショナルに報じた他のメディアも、裁判に入れば、ほとんどがベタ記事扱いだったという。〝裁判所神話〟は、マスメディアにもあると山下は感じている。

「注目を集めた事件も、いったん起訴されれば報道量はめっきり減り、判決が出れば、そこで報道が終わってしまう。高知白バイ衝突死のように、冤罪の可能性がいくら指摘されてもなかなか動かない。司法判断がおかしいんじゃないかと疑いを持って取材する記者ってほとんどいないし、裁判官も取材に応じず、説明を尽くさない。だから僕は、司法をテーマに調査報道を続けたい。ライフワークにしたいと思っているんです」

1年、数年、場合によっては10年以上の年月をかけた調査報道ができるのは、事件や事故の発生現場に居続ける地方メディアの強みだろう。しかし、だからと言って、誰もができるわけではない。山下も「最初から調査報道をやりたいとか、司法がテーマだとか思っていたわけじゃないです。いろんな事件や裁判を取材する中でそうなっていった」と言う。そして、こう付け加えた。「せっかく記者に復帰して現場に戻ったんだから、他人と同じことをやっていてもしょうがないですしね」。

3 「個」の力が報道を強くする

†地方局が作る地域の「クロニクル」

〈善いことの『ちから』に〉。２０１９年に開局50周年を迎え、ＫＳＢ瀬戸内海放送が掲げた経営理念だ。放送エリアである香川・岡山で地域に貢献するということだが、報道においてその意味するところを、本山秀樹・報道クリエイティブユニット統括マネジャー(53)はこう説明する。

「地方メディアは、報道機関であるとともに地元企業の一員でもある。権力監視をしっかりやるのは当然ですが、一方で地元の応援団でもありたいと考えています。地元の行政や政財界でも、おかしいことがあれば批判する。けれども、斬って捨てて終わりではなく、ではどうすればいいのか、解決策を視聴者と一緒に考えていく。答えはすぐに出ないでしょうが、責任を持って伝え続ける。そういう姿勢がなければ信頼されない。ともすれば、「地元を悪く言う」「独善的だ」と受け取られかねません」

香川出身の本山は、19年にKSBに来るまで朝日新聞に長く勤務した。記者として鹿児島、宮崎、山口で地方勤務を経験し、東京本社では主に社会部に在籍。調査報道班のキャップや鹿児島総局長も務めた。その中で「斬って捨てる型」の報道をしてきた反省があるという。

「調査報道班などは特にそうですが、大きなネタを出さなきゃいけない。地方でも、一つ書いたら引きずらずに次へ、というところがありました。全国メディアとしてはそれでよくても、地方メディアではそうは行かない。批判的報道であっても、これは地域をよくするためにやっているんだと理解され、地域に支えられなければ、われわれは存続できないので」

地域の一員でありながら、報道機関として批判するべきはする。これが地方メディアの難しいところであり、「地元権力に弱い」「癒着している」と、しばしば言われる所以でもある。さらに、ネットの隆盛や人口減少とともにマスメディアの力が相対的に低下し、経営が厳しくなる中、企業としての存続も課題になっている。

朝日新聞時代、デジタル事業に携わり、日本新聞協会の研究チーム座長も務めた本山によれば、ネットのプラットフォーム企業が地方へ〝進出〟する動きが、今後盛んになると予測される。たとえば、新聞社や放送局を買収し、既存の取材網と制作力を生かして地方発のネット記事を充実させるというような形だ。これに対抗するため、地方メディアが地域や系列ごとに統合・再編することも考えられる。

報道の独立を保ちつつ、経営とどう両立させるか——。いつの時代もマスメディア企業について回る課題だが、ネット企業との関係やそれに取り込まれない独自のネット展開は、地方・全国を問わず、今後ますます大きな問題になっていくだろう。

比較的早くからニュースをネット上に提供し、先に触れた『検証　ゲーム条例』のようにYouTubeで番組を公開してきたKSBも、もちろん例外ではない。

「テレビだけを見ている層は確実に減っていきますから、スマホやパソコン、その他さまざまなデバイスで地域の情報を積極的に発信していく必要がある。ニュースや天気予報などを配信するKSB独自のアプリも始めています。弊社の会長も申していますが、従来のテレビ局から、今後は「テレビもやっているメディア」になっていくイメージですね」

情報技術の変化に伴い、ニュースを届ける形は多様化していく。とはいえ、地域に根差すメディアにとって変わらない、いや変わってはいけない役割もあるだろう。話は結局、地方メディアの使命とは何か、に戻る。全国紙からローカルテレビ局に転じた本山はどう考えているか。

「社会の矛盾や課題、これからどう変わっていくのかという兆しは地方にこそ現れる。そ

瀬戸内海放送
1969（昭和44）年、香川県の民放テレビ局として放送開始。79年、香川・岡山両県の民放相互乗り入れにより、岡山も正式に放送エリアとなる。テレビ朝日をキー局とするANN系列。

れを見逃さず、きちんと気づける感性を持ちたいと思いますし、記者たちにもそう言っています」

報道クリエイティブユニットに在籍する記者やデスク、アナウンサーは香川に17人、岡山に13人。彼らに向けて本山が示したコンテンツ制作方針には、「地域の民主主義を支えよう」「地元の応援団であろう」など6項目が並ぶ。筆頭にこうあった。

〈「クロニクル」をつくろう　いまという時が歴史の中でどう刻まれるのか――このことを意識してコンテンツを作ろう。視聴者・ユーザーにとって、いまという時が、後々振り返った時に、「ああ、あの時はこういう時代だったんだな」とい

うことがわかるようなコンテンツを作ろう〉

事件事故や災害、政治・行政や経済などの動きはもちろん、地域で持ち上がった問題、そこに生きる人びとの姿を捉え、記録する。それが積み重なってクロニクル＝年代記となり、後世へと伝わっていく。地域社会という具体的な現場を持つ地方メディアの、これこそが重要な役割であり、強みでもあるだろう。

取材の終わりに本山が語った言葉が印象に残った。

「根底に地域への愛着を持つこと。それがなければ視聴者に届かないし、人の心を動かさない」

✝コロナ禍の母親たちを追うドキュメンタリー

本章ではここまで山下洋平記者が手掛けた調査報道を紹介してきたが、一方で彼は地域の人物や文化・スポーツをテーマにした密着ものなど、異なるタイプのドキュメンタリーも作っている。最近の番組で特に思い入れの強いのが、20年9月に放送された『そのママでいいの～新型コロナ禍と乳幼児ママの居場所～』だという。

この番組では、3歳までの未就園児を持つ母親たちの子育てサークル運営団体「ぬくぬくママSUN'S」に半年間密着した。元保育士の女性たちが約10年前に立ち上げた団体で、中心メンバーに山下の同級生がいたことから19年夏に初めて取材に行ったという。「彼女たちが手作りコンサートをするという告知を兼ねたニュースの取材だったんですが、リハーサルを見ていたら、なぜかわからないけど無性に感動したんですよね。その後も何度か取材するうち、普段の活動に密着してみたいと思ったんです。その時点で一本の番組にする見通しはありません。ただ、彼女たちの活動に興味を持ったのと、自分がなぜあんなに感動したのか、半年追えば理由が見えてくるかなと思って」

ところが、折からの新型コロナ禍で状況が一変する。20年2月下旬に取材を始めるとすぐ、全国一斉休校に突入した。団体の中心メンバーたちには小学生の子供がおり、活動場所だった公民館も使えない。乳幼児を抱えて自宅にこもる生活に、不安と孤独感を募らせる母親たちも出てきた。だが、大人数での集まりや子連れの外出に世間の目は日に日に厳しくなっていく。このまま予定通り活動を続けるのか。続けるなら、どこで、どんな条件で……。悩みや不安に揺れながら、母親たちは本音をぶつけ合い、全員が納得する答えを見出していく。その過程を、山下はハンディカメラで追った。

「突然の一斉休校は、僕にとってもコロナが〝自分事〟になった瞬間でした。同じ会社にいた妻と共働きで、子供が3人いる。どうすればいいんだって。香川では当時まだ感染者ゼロで、他都市でも小学校でクラスターが発生したわけじゃない。政権のパフォーマンスのために、経済的影響が少ないところへ負担を押し付けていると思いました。

それなのに、社会全体が同調圧力で一方向へ傾いていく。感染者の出た施設を責めたり、県外の人間は来るなと岡山県の知事が言ったり、いわゆる自粛警察のような動きが出てきて……そういう風潮にも大きな疑問を感じていた。だから子育てママさんたちの悩みはよくわかったし、彼女たちが真剣に話し合う姿に共感したんです」

取材される側の母親たちにも、山下の共感は伝わっていた。中村香菜子代表はこう振り返る。

「わたし自身、一斉休校やコロナ禍の中での活動をどう判断すればいいかわからず悩んでいた時に山下さんと電話で話したことがあるんです。こちらの思いをじっくり聞いてくれて、「この一斉休校は間違っていると思う」と怒っていました。それでわたしも、自分の考えが定まったところがあります。

これまでいろんなメディアの取材を受けてきましたけど、「自分のことも子どものことも大切にする」「地域と子育て世帯をつなぐ」という活動趣旨を理解してくれる記者さんはほとんどいなかった。説明しても、頭の上に？マークが三つぐらい浮かんでいる感じ。男性はもちろん、若い女性記者もそう。それが、山下さんはわたしたちと同じポイントで感動し、一緒に泣いている。この人とはわかり合えるなあと思いました」

取材対象への共感。それは「熱い人が好き」という山下の性格もあるが、同じ地域に暮らし、同じ世代の子を持つ親だからこそという面も大きいだろう。

同様の経験は、山下の妻で、同僚のアナウンサーだった田嶌万友香（42）――私が取材に行った20年10月からフリーになった――にもある。名古屋出身で地縁のなかった彼女は若い頃、「会社と家を往復するばかりで生活感覚がなかった」と言う。それが、結婚して子供を持つと変わっていった。

「同じ地域の生活者になれたんですね。その自分の姿を見せることで、視聴者と感覚を共有し、一緒に成長していくような感じがあった。日々の子育てや身近なできごとからネタを見つけることも、よくありました」

田嶌は17年、系列26局から選ばれるANNアナウンサー賞の番組部門優秀賞をKSBで初めて受賞している。対象となったのは「食材値上がりで給食がピンチ！」という解説コーナー。「生活者の目線で生の声を伝えている」と評された。

地域に根差し、信頼される報道とは、権力監視や不正追及のような、いわゆる「硬派」なものだけではない。取材者であり、生活者でもある記者の足下から生まれてくることも多い。本山が述べた「報道機関であるとともに地域の一員でもある」という地方メディアの特徴だろう。

葛藤する母親たちに密着した山下の番組は結果的に、新型コロナ禍が市井の人びとに与えた影響をリアルタイムで追う記録となった。

「医療機関の奮闘や休業要請に悩む飲食店に密着する番組は数多く作られるでしょうが、こういうところに視点を置いた番組は他にないんじゃないかと思います」

その言葉に、ドキュメンタリー制作者としての山下の矜持がのぞいた。

†なぜ地方か、なぜ調査報道か

「地方に根差した調査報道記者」が、山下の目指す記者像だと先に書いた。なぜ地方か。なぜ調査報道なのか。あらためて問えば、「独自性」への強いこだわりが浮かび上がってくる。

まず、地方にいる理由。全国メディアへ移って、注目度の高いニュースを追いかけたいと思ったことはないのか。

「東京に来ないの？　と、たまに言われたりすることもありました。でも、今まで話してきた事例のように、地方に根を張っているからこそできることがあるし、その方が面白いと僕は思っているんです。それに、地方にいながら全国にも通用するニュースを出していく、時にはノンフィクションも書く記者って、今はあまりいないんじゃないかと。香川・

岡山に山下という記者がいると個人名で認識してもらえるのは嬉しいですし、もっと頑張ろうと励みになります」

実際、高知の白バイ衝突死報道は「香川に面白い記者がいる」と情報が寄せられたことから始まり、山下の報道で全国に知られることになった。そして、その取材経過から1冊のノンフィクションが生まれた。一連の報道がギャラクシー賞を受賞した直後のインタビューで、地方局でのやりがいをこう語っている。

〈僕のセクションは「報道制作ユニット」と呼ばれ、報道と制作、記者とディレクターの境目がありません。記者もドキュメンタリーを作り、自ら編集します。高知にはカメラマンと2人で行き、自分で撮る場合もあります。特集のナレーション原稿は僕が読みます。人手が限られている地方局では、何でもやり、何でもできるんですよ〉

現在のテレビ業界は細かく分業化され、外部委託も当たり前になっているが、地方局はそうでないところも多い。「何でもやらされる」と不満を持つより、「何でもできる」ことを楽しめるかどうかが長く勤まる条件の一つだと山下は言う。驚いたことに、彼は裁判の法廷画まで描くという。

「ある裁判の取材で撮影の事前申請を忘れてしまい、もう自分で描くしかないとなったのが最初です。元美術部ということもあり、やってみたら結構いけるやんと言われて。裁判を見ながらメモを取って、絵も描いてなので、すごく慌ただしいですけどね」

そしてもう一点、なぜ調査報道なのか。これについて、山下はある大学のゲスト講義で詳しく語ったことがある。彼が、マスメディア志望の学生に示した「独自ネタを目指す理由」はこうだ。

他局と同じニュースばかりでは存在意義がない／埋もれていたネタを掘り起こすことで社会を動かせる／「やらされ感」から脱却し、前向きに仕事に取り組める／独自ネタを出す社には独自ネタが集まる／独自ネタの取材は記者を育てる

では、なぜ独自ネタ取材は記者を育てるのか。

他人が気づいていない問題や事柄にニュース性を見出す力がつく／隠そうとする相手から情報を引き出す力が求められる／発表もの、横並びの取材にはない責任が伴う／取材相手に大きな印象を与えるので、深いつきあいにつながる可能性がある

「これは僕の性分でもあるんですけど、人と同じ取材をしたくないというのがあるんですね。一斉に誰かを持ち上げたり、叩いたり、あるいは犯人視報道なんかもそうですけど、一方向に世論が流れると本当にそうかなと疑い、反対側から物事を見てみたくなる。だから、記者クラブの横並び競争も苦手で、警察・司法担当は長いのに、捜査当局に食い込んで「あす逮捕へ」というタイプの特ダネを抜いたことは一度もないんです」

この感覚は、大阪で人気首長に群がる記者たちを違和感を持って見てきた私にも理解できる。近年よく批判の的になる官邸記者会見も同じだ。記者クラブというインナーサークルの論理に縛られ、取材対象や取材手法、相手に向き合う立ち位置や視点が、あまりにも画一化していると感じる。だから簡単に情報をコントロールされてしまうのではないか。そういう批判が根強くあるにもかかわらず、慣例的な「取材ルール」から外れる記者を嘲笑や白眼視するような空気がある。そのことは、前章までに書いた琉球新報や毎日放送の記者たちも指摘していた。

大学での講義の最後に、山下は〈求められる「個」の力〉という言葉を掲げている。報道を活気づかせるのは、結局のところ、記者個人の問題意識と執念であり、それが失われればテレビニュース離れは今後も止まらないだろう、と。その信念は、彼の著書『あの時、バスは止まっていた』のあとがきにも書き記されていた。

〈私は報道記者として、「おかしいと思ったことは、おかしいと言う」をモットーとしている。「客観報道」の名の下に、当たり障りのない報道が多すぎるのではないかと思っている。まだ駆け出しの頃、上司が語った言葉を今でも胸に刻んでいる。「ニュースに主観を入れることは、決して悪いことではない。ただし、その主観が「客観的批判」に耐えうるかどうか。そのことを常に頭に置いて、バランス感覚を磨き、事実を積み重ねる取材を

心掛けることだ」〉

ここに引かれた言葉の主は、山下が入社した当時の役員で元毎日新聞大阪社会部記者の高山桂一である。かつての大阪ジャーナリズムを体現するような彼の教えが、「調査報道記者」山下の原点であり、「独自ネタ」を追い続ける理由でもある。

ＫＳＢ瀬戸内海放送は２０２1年1月、開局52年目にして初めて社屋を移転した。それに合わせ、夕方のローカルニュースは『Ｎｅｗｓ Ｐａｒｋ ＫＳＢ』という新番組となった。「Ｐａｒｋ」とは、地域の人びとが集い、交流する、開かれた場でありたい、との意味だという。地元の声を積極的に取り入れ、一緒に番組を作っていく姿勢を打ち出す。「地元のみなさんにとって何が課題なのかを生活実感から探り、解決に向けてこれからどう行動するべきか、共に考えるきっかけにしたい」と本山は狙いを話す。「これからの地方テレビ局は、視聴者にとって画面の向こう側の「誰か」ではなく、同じ時代に同じ場所で暮らし、共に地域を作っていく「仲間」でなければならない」という思いが、そこにはある。

追記

香川県のネット・ゲーム依存症対策条例は施行から1年を経て、県内では周知されつつある。県は小中高校生を対象に利用時間の実態調査や家庭でのルール作りを進め、依存症の回復プログラムも作成した。しかし、当初から疑問視された科学的根拠や制定過程の問題は解消されていない。渉さんが起こした違憲訴訟では、時間制限が「努力目標」か「義務規定」かをめぐって双方の主張の対立が続いている。不審なパブリックコメントの検証を求める声も根強く、渉さんは「不正があった」として県内外の14人と連名で21年3月、香川県警に告発状を提出。また10月には住民グループが県に対し、違憲訴訟で負担する弁護士費用の返還を求めて裁判を起こした。

一連の問題を山下が報じた番組『検証 ゲーム条例』は同年の日本民間放送連盟賞テレビ報道番組部門で優秀賞を受賞した。

第5章

京都新聞　被害者報道を考える

近年高まるマスメディア批判の中でも「被害者報道」は最たるものだろう。事件事故や災害の被害者をさらに傷つけるような取材をなぜするのか。そんな権利がマスコミにあるのか。報じる側の論理と、報じられる側や社会の声はずっと対立してきたが、プライバシーや個人情報保護意識の高まり、ネットやSNSの普及を背景に、より強く、明確に可視化されるようになった。

論点はいくつかある。実名・匿名をめぐる問題。メディアスクラム（集団的過熱取材）など取材手法の問題。それ以前に、「そもそも被害者報道がなぜ必要なのか」という問いもあるだろう。

2019年7月18日に発生した京都アニメーション放火殺人事件に直面した京都新聞は、記者たちがさまざまな議論を重ね、時に紙面で葛藤を吐露しながら、被害者報道を続けてきた。発生1年を経た連載では新聞労連ジャーナリズム大賞を受賞している。同紙の動きから、事件に向き合う地元紙の責務を考えてみたい。

1　京アニ事件で問われた「実名」の意味

†5カ月後の事件現場から考える

淡い黄色が特徴的な3階建てビルは、解体工事を目前にして周囲に足場が組まれ、防音シートをかける作業が始まろうとしていた。黒煙に長時間包まれた外壁は全体に煤け、いくつかの窓は炎が噴き出した痕跡で真っ黒に縁取られている。「爆燃現象」で一瞬にして火が回り、焼き尽くされたという内部は、壁に遮られてもう見ることができなかった。

京都アニメーション放火殺人事件の現場となった同社第一スタジオを私が初めて訪れたのは、発生から5カ月以上も経った2019年12月24日のことだ。

死者36人、負傷者33人。日本の犯罪史上でも稀に見る多数の犠牲者を出した事件は、京都市伏見区と宇治市の境、京阪電鉄「六地蔵」駅から徒歩すぐの住宅街で発生した。

前夜ここから500mほど離れた公園のベンチで野宿した青葉真司被告は、翌朝の犯行

30分前にガソリンスタンドで携行缶二つ分、計40Lのガソリンを買って第一スタジオへ向かったという。そして、鍵の開いていた1階に侵入すると、「死ね！」と叫びながらバケツでガソリンをまき、火を放った。自身にも引火して重い熱傷を負い、路上に倒れていたところ、身柄を確保された。

事件からひと月ほど、現場近くには献花台が設置されていた。犠牲となったクリエーターたちを悼み、京アニの今後を案じる関係者やファンの列は途切れることなく、報道各社は被害者取材の手掛かりを得る目的もあって、記者を連日張り付けた。

私が訪れた時にはもう警備員以外に人影はなかったが、青葉被告が倒れていたあたりをはじめ数カ所に町内会の貼り紙があった。弔問者と報道各社へ宛てた文面は、「京アニさん」を哀悼しつつ、住民の日常やプライバシーへの配慮を訴えていた。スタジオが取り壊され、完全に更地となった今も貼り紙は残る。郊外の住宅地を突然襲った大事件と報道合戦が地域に残した傷である。

正直に言えば、私は事件の発生当時、あまりにも凄惨で不条理極まる出来事を正視できなかった。事件事故や災害の被害者・遺族を自分も取材してきたが、それは勤務地や担当職務の範囲で発生したり、知人が巻き込まれたりして、否応なく取材する理由が生じたからだ。記者のくせにナイーブに過ぎると言われるかもしれないが、実際のところ、被害者取材をやりたくてやっている記者など、ほとんどいないのではないか。

では、被害者報道など一切しなくてよいかと言えば、そうは思わない。「遺族や被害者を追い詰め、精神的負担をかけるだけ」「事態を受け入れられず、悲嘆に暮れる姿を社会に晒してどうなるのか」「プライバシー侵害など二次被害が生じる」……報道被害を指摘する批判に同意するところは多く、改善するべき点は多々あると認める一方で、被害者・遺族の姿や肉声を通じて事件を伝えることの意義は決して小さくないと考えている。

発生から何カ月も経て、この事件を通して被害者報道と地元紙の役割をあらためて考えてみたいと思ったのは、京都新聞に寄稿を依頼されたのがきっかけだった。

〈事件取材の意味、考え続けて〉と見出しの付いたその記事で、私は自分自身がメディアスクラムをする側・される側双方に身を置いた経験を踏まえ、こう書いた。〈「被害者・遺族」対「マスコミ」という対立関係ではなく、名前のある生身の個人として向き合うこと。そのためにじっくり時間をかけること。自律的な取材・報道とは何か、模索し続ける中にしか答えはない〉。事件現場を抱え、今後も長く取材を続けることになる京都新聞への共感と期待を込めたつもりだ。

だがそれは、既に新聞社を離れた立場だから言えることであるのも自覚している。何ごとがどれほどの規模で起きているのか、現在進行形で取材し、速く正確に伝えるのが職務である記者たちからすれば悠長な、現実的でない、第三者的意見に映るであろうことも理解できる。であるからこそ、あの事件に直面した京都新聞の記者や編集幹部たちは何を考え、どう動いたのか、きちんと知りたかった。折々の紙面に滲み出る現場の葛藤と議論の経過を聞いてみたいと思った。

初めて現場を訪れた日、私はまず、報道部社会担当部長の目黒重幸（51）に話を聞きに行った。経歴を聞けば自分と同い年の——それゆえ警察回りだった若い頃には、おそらく似たような経験をしてきたであろう——取材現場の責任者である。

†「速さより深さ」で事件の本質に迫る

事件当日の19年7月18日、地域版デスクに当たっていた目黒は午前10時40分頃、編集局へ出勤した。京都市消防局に最初の119番通報が入ったのが10時33分だから発生直後だ。第一報は消防の出動メールと、SNS投稿をリアルタイムで集める「ファストアラート」でキャッチした。

現場や消防局へ走った記者、京都府警本部詰め記者からの情報で、ほどなく被害の大きさがわかってくる。猛然と黒煙を上げるスタジオ。刻々と増える負傷者。「最大級に（取材体制を）構える必要がある」と判断したのは、行方不明者の多さだったという。

京都新聞編集局。事件当時は騒然となった

「発生から1時間あまりでしたか、安否不明が20〜30人いるようだと聞いて驚きました。取材はまず被害状況、どんな方がどれだけ亡くなったかを正確につかむのが第一歩ですが、それがわからない。遺体搬出は発生当日の夜に終わりましたが、とにかく数が多く、損傷も激しいという。人定（身元特定）作業に時間がかかることは想定できました。

一方で、なぜこんなことが起きたのかという事件の本筋の取材も急ぐ必要がある。今回は容疑者がすぐに確保され、直後の様子や動機らしき言葉はつかめましたが……」

18日夕刊一面の見出しは〈京都アニメ火災38人死傷／男放火か「液体まいた」／1人死亡、20人安否不明〉。翌19日朝刊は〈京都アニメ放火33人死亡／41歳男、ガソリンまく／「小説盗んだから」／35人負傷〉。被害者の数と犯行状況は当日中にほぼ把握できたことがわかる（死者・負傷者数は後に変動）。駆け付けた警察官に青葉被告が漏らした「小説を盗んだから放火した」という趣旨の言葉は、京都新聞が他紙に先駆けて報じた。

前例のない大事件に編集局は騒然とし、文化部や内勤の京アニに詳しい記者も含めて40人規模の取材体制を組んだものの、発生直後はまだ従来の事件報道の範疇にあった。犠牲者の実名・匿名問題や被害者取材の方法が社内で議論されるのは、数日経ってからのことだ。いくつかのきっかけがあったと目黒は言う。

一つは7月22日、京アニが京都府警に実名公表を控えるよう申し入れたことだ。報道各社に対しては「当面の間、弊社、弊社社員及び弊社社員のご家族・ご親族、ご遺族及びご友人、弊社お取引先等に対する直接のご取材等はお控えいただきますよう」と要請があった。被害者感情としてごく自然なことであり、世論もこれを後押しした。

さらに事件当時、京都新聞内部でも期せずして被害者報道を見直す機運が生まれていた。直接の契機は2カ月前の5月、滋賀県大津市で発生した保育園児ら16人が死傷する交通事故だった。同紙の発行エリアで起きた痛ましい事故は全国ニュースとなり、報道の過程でマスメディア批判が巻き起こった。保育園の記者会見で涙ながらに応対する園長の姿に、「被害者である保育園をマスコミは責めるのか」「取材せず、そっとしておくべきだ」といった声がネットを中心に、紙の読者からも多数上がったのである。

これを受けて目黒は、なぜ被害者取材をするのか、「本紙見解」と題した長文の記事を書いている。記者会見は保育園の責任追及や園長を詰問するのが目的ではなく、「正確な事実の速報」のために必要な通常の取材であること。被害者の悲しみや事故の理不尽さを共有し、「再発防止に向けた機運を高める」のが報道機関の役割であること。しかし、それでも批判が高まる背景には根深いマスコミ不信があると自省している。

〈報道機関が事件・事故の際に被害者を取材する中で、ただでさえ混乱し、深い悲しみにある遺族や関係者をさらに傷つけてしまうことがあります。京都新聞もこれまでの取材を振り返ると、その批判を免れないことがあったと思います〉

〈取材がはらむ加害性を常に自覚しながら、報道の責務との調和を追求する――。そんな姿勢が今までになく強く求められているというのが、今回私たちが得た教訓です〉

だが、報じる側のそうした論理が社会に響かず、受け入れられていないことは目黒自身も現場の記者たちも痛感していた。では、どこに問題があり、どう変えればいいのか――。同紙編集局は6月、過去に府内で起きた交通事故の遺族を招き、意見を聞く勉強会を開いている。そのわずか1カ月後に京アニ事件が発生したのだった。

事件4日後の22日、初めて取材班全員を招集した会議で、大西祐資編集局長（56、現・

取締役）は記者たちに言った。

「この事件は、地元紙として20年、30年にわたって向き合っていくことになる。速さよりも深さ、濃さを意識した報道を心掛けよう」

事件担当が長く、他紙と「抜いた・抜かれた」を競ってきた大西がこう語ったことで一つの方向性が示された、と目黒は振り返る。大西本人に発言の意図を確認すると、こう説明した。

「最も重要なのは事件の本質に迫ることです。そのためには犯行の動機や背景はもちろん、被害者の経歴、どんな夢を持ち、どんな仕事をしていたのか、世界中が悼んだ京アニとは……など、いくつもの視点がある。それらをしっかり取材して全容を伝えよう、という意味で言いました。従来の事件報道にありがちな、とりあえず目先の続報をつなぐためだけの記事はいらない、と」

大西によれば、取材班の中心には事件取材の経験豊富な記者を集めていた。それゆえ、単純に「速さを捨ててもよい」と誤解されることはないと信用していたという。現場への信頼があったからこそ口にした「速さより深さ」の取材方針だった。

†異例の経過をたどった府警の発表

取材班が最初に直面したのは、被害者の実名・匿名問題だった。あらためて整理しておくと、ここには二つの問題がある。まず京都府警が実名を発表するか否か。次に、実名が発表されたとしても遺族が望んでいない場合、どう報じるのか。つまり、「実名発表」と「実名報道」は判断の主体がそれぞれ異なる別の問題なのである。

近年の事件事故や災害では、警察などの行政機関が個人情報保護を理由に匿名で発表したり、実名を記載した広報文でも「遺族は匿名を強く希望」と書き添えたりするケースが増えている。だが、京アニ事件において京都府警は当初、「身元が確定次第、実名発表する」方針だったと当時の府警キャップ、岸本鉄平（40）は言う。事件の重大性と社会的影響の大きさ——犠牲者の多くが作品のエンドロールに名前を残す人たちだった——に加え、発生後しばらく錯綜した安否情報を正確に伝える意味もあった。事件翌朝には「実名発表した方がよい」と警察庁から府警に連絡があったことが、岸本らの取材でわかっている。

それが、いくつかの要因によって先送りされていく。捜査一課長と府警記者クラブの連日のやり取りを、取材ノートを繰りながら岸本が振り返る。

「21日段階の説明では、翌22日に最初の数人を発表できるという話でした。それが当日の夕方になって「問題が生じた。上と相談する」と変わった。その日に京アニの匿名要請があった影響でしょう。全員の人定作業が終わったのは約1週間後。府警は京アニに一定配慮しつつも早期実名発表の方針は変えず、27日段階では「29日には発表したい」と言っていた。実際、発表資料は完成し、会見の部屋も準備していた。ところが、これも直前になって取りやめになりました。理由を聞いても「府警では判断できない」「私は答えを持っていない」と言うばかりでした」

何があったのか。重大な事実が後に判明する。超党派の「マンガ・アニメ・ゲームに関する議員連盟（MANGA議連）」の会長である自民党の古屋圭司衆院議員――元国家公安委員長で、消防議連の会長でもあった――が菅義偉官房長官（当時）に対し、「警察は遺族の了解を得ない限り、葬儀が終わるまで実名公表は控えてほしい」と要望していたことを明かしたのである。申し入れは7月26日。これを受けて警察庁が府警に発表の延期を伝えたとみられる。

京都新聞の取材に対し、古屋議員は「犠牲者の名前は葬儀が終わってから公表された。警察は知る権利にも配慮して、バランスを取ったということ」と語り、警察庁からは「被害者の氏名などの発表は、各都道府県警察が被害者遺族の意向を踏まえ、適切に判断するべきもの」という趣旨の書面回答があった。だが、二転三転した府警の対応を見れば、M

ＡＮＧＡ議連や警察庁の介入が影響したと見るのが自然だろう。

犠牲者の氏名は結局、2回に分けて発表された。まず8月2日、その時点で遺族の了承が得られた10人。残る25人は、最後の葬儀が終わった後の同27日になった（10月にもう1人死亡）。事件発生から40日が経ち、実名発表の理由の一つである「安否情報」の意味はすでに薄れていた。

発表の形も極めて異例だった。記者クラブ加盟の14社へ一社ごと手渡された封筒には、犠牲者の氏名・年齢・性別と、警察官が遺族から聞き取った実名報道の可否、取材の可否、それに短いコメントを記した紙が入っていた。35人の遺族のうち、実名報道を承諾したのは14遺族で半数以下。取材はほとんどが拒否だった。「取材は受けるつもりは全くありません」「無理な取材攻撃をやめてください。そっとしておいてください」「家族はいっぱいいっぱいです」――強い拒絶の言葉が並んでいた。

ただ、発表資料で「取材拒否」とされた中には、すでに新聞やテレビの取材に応じ、何度も報道されている遺族も複数いた。記者が再度確認すると、「拒否したことはない」「意見を聞かれていない」と首を傾げたという。警察に意向確認をゆだねるもどかしさと危うさを岸本は指摘する。

「府警のやり方が間違っていたと言うつもりはありません。混乱の中、時期や状況によってご遺族の考えが揺らぐことや、言葉の行き違いが生じることもあるでしょう。また、同じご遺族の中でも意向が分かれることもある。しかし、警察官が誰にどんな聞き方をし、ご遺族が具体的にどう答えたのかがわからないと、「遺族の意向」が曖昧なまま独り歩きしてしまう恐れがある」

そして次に、府警の発表をどう報じるかという問題が生じる。最初の10遺族は実名公表を承諾していたが、発表当日にテレビのニュースで流れた後、1遺族が拒否に転じた。残る25遺族は大半が実名公表を拒否していた。京都新聞を含め多くの報道機関はそれでも全員の実名を報じたが、匿名を選択したスポーツ紙もあった。編集局長として判断を下した大西はこう振り返る。

「正直、そこで迷いはありませんでした。被害者の実名は事実の核心であり、今の読者に伝えるべき情報であると同時に、未来の読者に伝える意味もある。私自身30年あまりの記者生活を実名主義でやってきた。思考停止という批判はあるかもしれませんが……」

被害者の実名は「知る権利」に応える「事実の核心」である。実名で報じることが「真実性の担保」となり、報道が「訴求力と事実の重み」を持つ。さらに、警察の不正や隠ぺいを防ぐ「公権力の監視」の意味もあり、また「歴史の記録」とすることで後世に伝え、将来の検証も可能になる――。これらは日本新聞協会が説明する実名報道の論拠であり、大西の語った言葉も、社会担当部長の目黒に聞いた見解も、それに沿っている。

京都新聞は犠牲者の氏名を一覧掲載する際、一面に「おことわり」を載せた。1回目は「被害者の安否を正確に伝えるとともに、重大な事件を記録するため」、2回目は「尊い命を奪われた一人一人の存在と作品を記録することが、今回のような暴力に立ち向かう力になる」。大西が記者らの意見を聞き、何パターンも作成した文面から選んだという。

だが、現場からの異論も少なくなかった。「従来通りの見解に過ぎず、短すぎる。他紙はもっと丁寧に説明している」「そもそも『おことわり』という文言が上から目線で、理解を得られない」……。被害者と直に接する現場の記者と、社内で方針を決める編集幹部の温度差だろうか。あるいは、ネットが普及していない時代に事件取材をしてきた世代と、さまざまな形で報道批判に直面する世代の違いだろうか。

府警との交渉の最前線にいた岸本も「実名報道の理由をここまで考えさせられたことはなかった」と語る。事件以降悩み抜いてきたが、答えはまだ出ていない。

被害者報道をめぐる議論では「公」と「私」がせめぎ合う。というより、すれ違っているように見える。「社会」や「公益」など大文字の言葉で語る報道側と「遺族感情」や「プライバシー」、つまりは個人の「報じられない権利」を尊重するべきだという批判。それゆえ折り合いを付けるのは容易ではない。報じる理由が理解されるには、時代や価値観の変化に応じてマスメディアが自省し、自律的に変わっていかざるを得ない。続いて、被害者取材のあり方を考える。

2 「報道の内幕」どこまで明かせるか

†地元紙ゆえに沸騰した取材をめぐる議論

京都アニメーション放火殺人事件の発生数日後から、京都新聞本社5階の編集局では事あるごとに議論の輪ができた。現場の献花台、宇治市の京アニ本社、犠牲者の遺族や知人などを訪ねて被害者取材に当たる記者たちが続々上がってくる午後8時過ぎになると、誰かが口火を切り、さまざまな意見が飛び交った。

被害者宅周辺の聞き込みや遺族宅への訪問はどこまで許されるか。葬儀や通夜は取材するのか。顔写真の入手方法と掲載基準は。実名報道の是非と書かれる側の痛み……。献花台は常時20人以上が張り付くメディアスクラム状態となり、弔問者から苦情も出ていた。報道陣は「節度を守った取材」のつもりでも、その場に大勢いるだけで威圧感がある。反発からSNSに名刺を晒された記者もいた。

「ご遺族の言葉や状況、ファンや近隣の人の厳しい声、これまで以上にネットに溢れた報道批判に接し、どの記者も自分たちの取材や報道は適切なのかと突き付けられました。取材班には、2012年に亀岡市であった集団登校交通事故*のご遺族と交流を続けている記者や、犯罪被害者の会を長年取材してきた記者もおり、経験を踏まえて問題提起してくれた」

被害者取材班を統括した吉永周平（48）が振り返る。

「私自身は事件担当が長く、亀岡の事故当時は府警キャップでした。事件取材は他社との競争意識が強く働き、「地元紙として負けられない」と、どうしてもトップダウンになるし、そうでないと動かないところがあります。しかし、捜査状況や犯行動機など事件のいわゆる本筋を追う取材の手法や発想を被害者取材に当てはめるのは違うと、反省とともに考えさせられました」

記者たちとの議論を踏まえ、吉永はいくつかの取材方針をまとめた。

葬儀や通夜は取材せず、会場周辺で参列者に話を聞くのも控える。「最寄り駅など公共空間で参列者らしい人に声をかけるのはよいのでは」という声も出たが、最終的には取りやめた。

顔写真は、遺族の提供か了解を得たもの以外は載せない。卒業アルバムやSNS投稿は使用しない。ただし、京アニが出版した書籍などに掲載されているものは、公になることに本人の一定の了解があったとみなし、遺族の了承なしで使用する。

遺族の住所が判明すれば、一度は取材の可否を確認しに行く。拒否されたら説得などはせず、すぐ引き揚げる。事前の情報で強い拒絶の意思や厳しい状況がわかった場合は、訪問も控える。

被害者報道自体が不要と考える人にはこの程度は当然であり、これでも「やりすぎ」と映るだろう。しかし、事が何であれ、「当事者に話を聞くこと」が仕事の基本であり、事件報道においては犠牲者の経歴や人となり、遺族は今何を思い、伝えたいのかということまで含めて、全容を報じることを職務と考える記者たちにとって、取材自粛は自らの手を縛ることでもあった。「他社が顔写真や遺族の記事をどんどん掲載しても、本当にこの方針を保てるのか」という声も上がった。

「犠牲者の出身地は全国に散らばっていて、うちが遺族宅を訪ねた時にはもう各社が訪問

＊2012年4月、亀岡市で集団登校中の児童と保護者の列に少年が無免許運転する車が突っ込み、3人が死亡、7人が重軽傷。ネット上で遺族への激しい中傷が起こった。

済みだったこともよくありましたし、うちの取材で了解が取れていない顔写真が通信社から配信されてきたこともあります。でも、それは載せていません。だから、速さや顔写真の数を競うような従来の事件報道で言えば、はっきり言って「負けている」ことも多いんです。それでも、「他紙に載っているのに、なぜうちはないんだ」というような声は今回出ませんでした」

そこには編集局長が最初に掲げた「速さより深さ」の編集方針、また、現場の意見を上げやすいボトムアップの体制があったのが大きいと吉永は言い、地方紙ゆえの事情を挙げる。

「地元紙として数十年取材していくことになる事件ですから、ご遺族と長期的な信頼関係を築く必要があること。もう一つは所帯が小さいことです。取材班が議論している5mほど先に部長席があり、同じフロアに編集局長もいる。意見が届きやすく、すぐ相談できる環境があるんです。

全国紙の場合、各地から大量の応援記者を投入し、個々人が細分化された役割をこなします。それこそトップダウンで、速く充実した紙面を作る。でも、その半面、現場の声や実感が編集幹部に届きにくいこともあるんじゃないでしょうか」

現場を抱える地元紙ゆえに生じる責任。長期的な視点。事件からも、読者や社会の批判からも逃げられない。個々の記者がそう感じたからこそ、京都新聞の議論と模索は始まった。「信頼される自律的な報道とは何か」をめぐって。

†「二者択一」では済まされない問題

被害者取材班の中で「かなり引いた立場だった」と自ら振り返るのが広瀬一隆（39）である。

吉永が言った亀岡の事故遺族と長く交流する記者とは彼のことで、京アニ事件1カ月前に編集局で開かれた被害者報道の勉強会は、その縁により遺族たちの思いを聞く場となった。そこで出た話が、先述した顔写真の扱いなどに反映された。

広瀬は京アニ本社や献花台のほか、4軒の遺族宅を訪ね、うち2遺族から話を聞いている。最初に犠牲者10人の氏名が公表された8月初め、動画の彩色で「仕上げ」担当だった女性の話を書いた。淡々と1時間ほど語ったという父親の心境で記事は結ばれている。

〈娘が亡くなった時の状況が分かった今、事件の真相をこれ以上知りたいとは思っていない。容疑者のことも、どうでもいいと言う。ただ一つだけ、社会に伝えたいことがある。「京アニのおかげで幸恵は楽しい人生を送ることができた。そのことは広く知ってもらいたい」〉

事件1カ月後の記事では、同じ父親の変化がこう記される。

〈取材に応じてきたのは、ファンを含め周囲にはっきり事実を伝えたかったからだ。しかし、さみだれ式に報道各社から取材申し込みがあり、心労は重なった。「聞かれれば答える。だが、どれだけ取材を尽くされても、私の悲しみはくみ取りきれないと思う」〉

すぐ隣には〈遺族傷つけるリスクと葛藤〉と題した取材班名義のコラムがあり、やはりこの父親の言葉が引かれる。取材で質問を重ねられると、「余計なことはやめてくれ、という思いになる」と。コラムは〈遺族の声を伝える意義と、取材につきまとう「暴力性」との間のジレンマとどう向き合うのか〉と続く。犠牲者の生前の姿と遺族の悲痛を伝える記事と並べて、報じる側の自問を載せる。この紙面構成自体が京都新聞の葛藤を物語っていた。

こうした記事を書く一方、広瀬は別の遺族を訪ねた際、事前に得た情報から呼び鈴を押すべきではないと判断し、そのまま引き返したこともある。拒絶の意思が明確な人に無理に会う意味を見出せなかった。同様に、献花に来た人を大勢の記者で囲んだり、過去の事件取材のように他社と競って顔写真を入手したり、遺族宅に長時間張り付いたりすることにも大きな疑問がある。それは紙面上の都合だけ、内輪の世界の「勝った・負けた」だけ。

新聞の自己満足に思える。

「実は亀岡の事故で、うちは亡くなった女児の顔写真を特オチ（1社だけ載せないこと）してるんです。だけど何年も経った今、どこが最初に顔写真を載せたとか、遺族の記事を速く書いたとか、担当した記者以外は誰も覚えていません。そんな自己満足の競争よりも、5年10年経った時に話をじっくり聞けることの方が大事だと思うんです」

よくわかる。私自身にも覚えがある。広瀬が意味を感じないと言う取材行為は、多くの記者が疑問を抱きながら、それでも命じられるままに仕方なくやってきたことだろう。いや、「事件報道とはそういうもの」「これも記者の仕事だ」と無理に自分を納得させて。疑問に蓋をし、考えることを放棄して。

実名・匿名問題についても、広瀬は取材班の議論でこんな意見を述べた。

安否情報を伝える、不正確な情報の流布を防ぐ、歴史的な検証のために記録を残すという意味で実名を報じる必要はある。ただし遺族が拒否する場合は、氏名と年齢を記した一覧のみでよいのではないか。目立つ一面に載せる必要はなく、中面に掲載し、本当に知りたい人が確認できるようにすればよい。中傷や個人情報の暴露を防ぐため、ネットには転載しない。この考えを後に『犠牲者の報道は実名匿名の二者択一か』という論考にまとめている（オピニオンサイト「SYNODOS」に掲載）。

では、広瀬自身も書いてきた犠牲者の横顔記事などはどうか。「事件の悲惨さは実名でないと伝わらないというが、本当にそうか」「匿名や仮名を検討するべきではないか」という議論が取材班で交わされたと聞く。

「実名報道のすべてに意味がないとは言いません。ご遺族が伝えたいことがあり、了承を得られるなら、もちろん実名で書けばいい。しかし、ご遺族から話が聞けない場合、たとえば近所のちょっとした知り合いだとか、それほど本人を詳しく知らない人から聞いた話でも記事はある程度書けてしまい、それなりに大きな扱いになることがある。犠牲者の名前を紙面に並べることにこだわって、そういう記事を実名で載せる意味はあるのかな、と。記事の内容によって、もっと減らせるんじゃないかと思う」

遺族の意向に最大限配慮しながら、可能な限り取材はする。だが、それをどう報じるかについては、従来の新聞の形式や常識にとらわれず、もっと慎重に検討するべきだ。「原則実名」で押し切るのも、「被害者報道は不要」とすべてなくすのも違う。そんな二者択一ではない――広瀬の話を私なりにまとめれば、そういうことになる。

†新聞はあまりにも説明してこなかった

遺族取材については、京都府警記者クラブでも事件直後から議論となった。その結果、府警が実名を発表した当日に限り、メディアスクラム対策が取られた。新聞・通信社とテレビ局の代表2人が遺族宅を訪ねて意向を確認し、承諾されれば他社も含めて話を聞くという方法だったが、一度目（8月2日）は取材後、「マスコミに取り囲まれて怖かった」と府警に強く抗議した遺族がいた。二度目（同27日）は代表記者が遺族宅を訪れると、家の前に警察官がいて追い返されたところが6軒あった。

事件直後の遺族にとって、報道機関は興味本位で押し寄せ、心と生活をかき乱す脅威でしかなく、警察の方がはるかに信頼されている。社会の評価も同じだ。報じる側が内部でいくら議論し、改善したつもりでも、「そもそも被害者を取材するな」と言う人には届かない。この現状をどう見るか、事件当時の府警キャップ、岸本鉄平に問うと、「結局これまでの取材・報道の積み重ね、自業自得なんでしょう」と頷き、こんな話をした。

2019年12月の京都府議会一般質問。京アニ事件への認識を問われた府警本部長が、こう答弁した。

「この事件は、メディアスクラムからの保護が大きく問われる事案だった。遺族宅には府警から支援要員を派遣し、記者の押しかけに対応するなど、犯罪被害そのもの以上のダメージを被害者が負わないようにすることを方針として対応した」

記者の訪問を「押しかけ」「ダメージを負わせる」と、明確に非難する表現に岸本は驚いた。発言の背景を報じた記事によれば、府警には遺族と記者のトラブルを記録したリストがあり、非常識な取材は事件化も辞さない姿勢だという。こうした動きは今後も強まるだろうと岸本は危惧する。

なぜこれほどまでに被害者報道は「敵視」されるのか。

被害者取材班を統括した吉永、実際に被害者を取材した広瀬、府警キャップだった岸本。亀岡事故を取材し、京アニ事件にも関わることになった3人が異口同音に言うのは、「新聞はあまりにも説明してこなかった」ということだ。報じる理由も、取材過程や議論などの内幕も。

「日本新聞協会が掲げる実名報道の理由やメディアスクラム対策は、報じる側の論理でしかなく、いずれも反論可能。前例踏襲の説明を重ねても理解は得られない」と吉永は言い、広瀬は「新聞は『私たちはこうです』と一方的に言うだけで、批判を受けてキャッチボールしながら改善していくのが苦手」と見る。そうではなく、取材現場の実情や記者の考えていることをもっとオープンにして、理解を求めていくべきではないか、と。

そんな問題意識で書かれたのが、広瀬が中心になって企画した連載『記者の葛藤』だった。事件4カ月後の19年11月、京都新聞の被害者取材を6回にわたって振り返った。

初めて訪ねた遺族宅で「何社目ですか！　いい加減にしてください」と怒鳴られた記者。

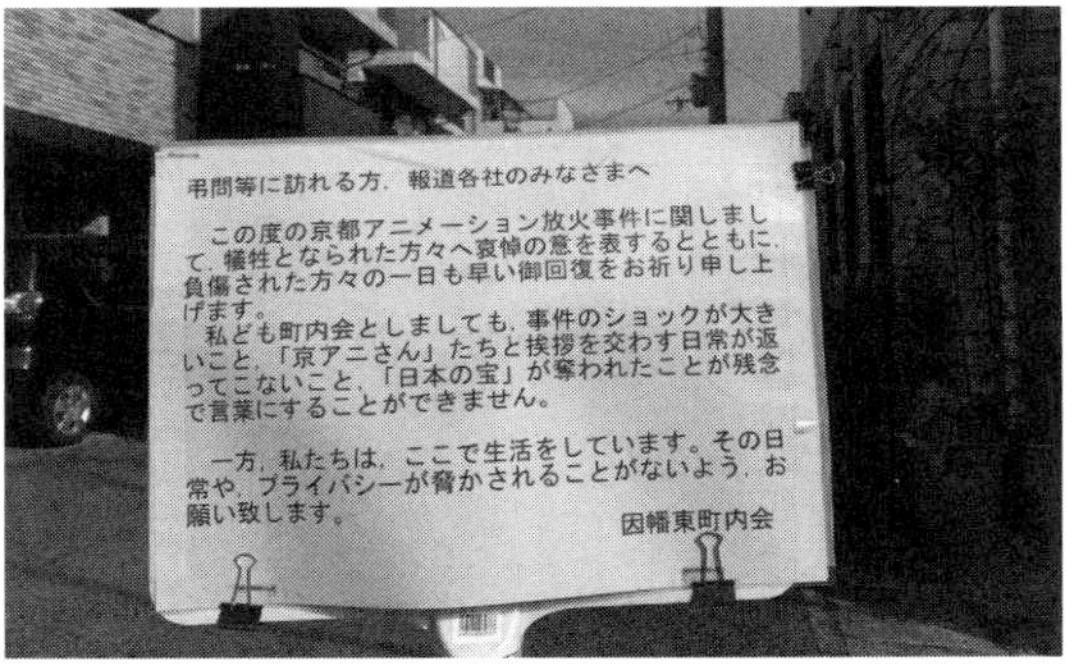
弔問等に訪れる方，報道各社のみなさまへ
この度の京都アニメーション放火事件に関しまして，犠牲となられた方々へ哀悼の意を表するとともに，負傷された方々の一日も早い御回復をお祈り申し上げます。
私ども町内会としましても，事件のショックが大きいこと，「京アニさん」たちと挨拶を交わす日常が返ってこないこと，「日本の宝」が奪われたことが残念で言葉にすることができません。
一方，私たちは，ここで生活をしています。その日常や，プライバシーが脅かされることがないよう，お願い致します。
因幡東町内会
連載では、現場地域への報道被害にも触れた

取材に答えてくれた遺族の心情を慮り、「伝える意味はあったと信じたい」と願う記者。ネットに渦巻く批判を毎晩読んでは落ち込んだ記者。私などの世代には、ここまで踏み込んで紙面に書くのかと思うほど内幕を明かし、率直に自省した記事に思える。

だが、この連載にも批判が起こったと広瀬は明かす。「所詮は自己満足のきれいごと」「記者も悩んでいるから許してねと言っているだけ」。そんな声が読者ばかりか、社内でも上がったという。連載にも登場した岸本が言う。

「テーマはいいと思います。でもたとえば、取材を断られ、手紙を置いてきたと書くにしても、そもそもなぜ住所がわかったのかという不信が遺族にはある。「手紙など置かれても困る。読まずに捨てた」と府警を通じて抗議を受けたこともあります。そこは取材手法にも関わることですが、大事なところを

隠したままだと、結局は自分たちに都合よく書いているだけじゃないかと受け取られてしまう。

もっと報道の過程を、見せたくないところまでさらけ出し、不都合なことも書く。そのうえで、被害者を取材し実名で報じたことで新たな事実にたどり着けた、事件の要因や背景が解明できたという具体的な事例を持って説明しないと、いつまで経っても理解は得られないと思う」

連載の最終回は、メディア法を研究する水谷瑛嗣郎・関西大学准教授のインタビュー。「ブラックボックス化していた取材側の考えが明らかになった」と一定の評価をしつつ、こう語っている。

〈だがこれは社会で議論を始めるきっかけにすぎない。本当に必要なのは、犯罪被害者の会や弁護士といった報道機関の外の声を取り入れて、報道の在り方を考えることだ〉

〈誰もが情報を発信できるようになったネット社会だからこそ、プロである報道機関の責任は増している。（略）抽象的な答えだけでは多くの人が納得しなくなっているのは事実。現代において報道機関が信頼を得るために、取材の受け手や読者の意見を柔軟に取り入れる「対話」が求められる〉

京都新聞は前代未聞の凄惨な事件を取材・報道するのと同時進行で、「被害者報道による被害」や報道倫理と向き合い、紙面で異例なほどに展開してきた。その多くの記事で「今後も検証を深め、記事で答えていくしかない」という姿勢を示す。だが、報じる側の取り組みだけでは、また一社だけでは解決できない問題であるのも確かだ。

3　事件から1年後に出された「回答」

†市民感覚から乖離する報じる側の論理

被害者報道は1990年代から問題視され、大きな事件事故のたびに議論されてきたが、京都アニメーション放火殺人事件は、その衝撃と実名発表・報道の経緯から、これまで以上に議論を呼んだ。

事件2カ月後に開かれた「マスコミ倫理懇談会全国協議会」の全国大会*では、曽我部真

*協議会には新聞、放送、出版の211社・団体が加盟。この年のテーマは「伝えるのは、何のため、誰のため」だった。現在は208社・団体になっている。

裕・京都大学大学院教授（憲法・情報法）が講演。警察に実名発表を求める必要は認める一方、問題は実名報道にあると述べた。〈「書かないこと」「触れないこと」による人権擁護ではなく、「書くこと」で人権を守り、民主主義を支えたい〉とする日本新聞協会の主張と、報道された側が実際に受ける精神的苦痛やネット上の中傷など二次被害との間に「凄まじいギャップ」があるという指摘だった。

曽我部教授によれば、たとえ一部の社が「節度ある取材・報道をしている」と主張しても、被害者には意味がない。問題は報道の総体と、ネットや実生活への波及だからだ。「実名報道原則」を再構築するには、被害者の実情を直視した報道ルールを確立するべきで、そのために業界が外部とコミュニケーションを取り、開かれた環境で実名報道のあり方を考える必要がある、とした。

朝日新聞社発行の『Ｊｏｕｒｎａｌｉｓｍ』は事件の1年後、「実名と被害者報道」特集を組んだ。障害者施設で19人が殺害された２０１６年の津久井やまゆり園事件——神奈川県警は「遺族の強い要望」を理由に犠牲者の氏名を公表せず、公判でも大半が匿名のまま審理された——をはじめ、子供の性暴力被害者、災害の死者・行方不明者など、実名・匿名の判断やルールが問われた国内外の事例と現場の取り組みを、メディア関係者や研究者らが論じている。

いずれも興味深いが、ここでは議論のあり方そのものに問題提起した林香里・東京大学大学院教授（ジャーナリズム研究）の論を紹介したい。こんな趣旨だ。

マスコミは実名報道を「原則」や「主義」だと主張するが、それは一般市民の被害者報道に限られ、政治家や警察関係者などには適用されない場合が多い。実名や顔写真を重視する事件報道は、マスコミのOJT、つまり新人記者の実地訓練として行われてきたのが実態で、それが社内評価や他社との競争の基準になってきた。日本の報道機関で「警察《サツ》回り」が重要視されるのは、記者の職業意識と組織への忠誠心を叩き込む手段だからであり、背景には、ゴシップを目玉商品とした明治期の「小新聞《こしんぶん》」から発展した日本の新聞社の歴史がある。「知る権利への奉仕」や「報道の自由」といった抽象論は、80年代以降に出てきた後付けに過ぎない——。

かなり厳しい指摘だが、こういう側面は実際に私も感じてきたし、京都新聞記者たちの葛藤からも、それはうかがえた。林教授は実名報道が問題視される背景に、社会の「個人化」を指摘する。匿名希望も、逆に実名で積極的に語る人も、判断を報道機関にゆだねず個人の自己決定を求めている点では同じだ。ゆえに、「原則」や「主義」と大雑把に括り、「実名か匿名か」と二者択一の議論をするのではなく、個々の記者が多様で複雑な取材対象の意思を判断し、個別に対応するしかない、という。

報じる側の論理と市民感覚との乖離は、やはりジャーナリズム研究者である畑仲哲雄・龍谷大学教授の講義でも明らかになっている。京アニ事件から3カ月後のことだ。

報道倫理上の課題を具体的事例に沿って考察した著書『ジャーナリズムの道徳的ジレンマ』（勁草書房）がある畑仲教授は、同書を用いたワークショップ型講義で学生250人に被害者の実名・匿名への賛否を聞いた。第一印象での回答は、匿名が96・7％と圧倒的だった。そこで実名報道の理由や意義を日本新聞協会の見解に沿って伝え、再考を促した。他の設問――「取材謝礼を支払うか」「原発事故の現場にとどまるべきか」など――では、報道側の論理を説明すると、これを受け入れて翻意する学生も多い。だが、実名・匿名問題は逆だった。2回目の回答で匿名が97・2％と、さらに増えたのだ。

学生に問うたのは、「事故で亡くなった女児の通夜で記者が遺族と匿名を約束してきた。社の方針は原則実名。デスクはどう判断するべきか」という事例だったが、京アニ事件の直後だったため、その印象が強かったようだと畑仲教授は言う。

「講義後のコメントには「京アニ事件で、メディアは実名を報じることで全容を伝えると説明したが、被害者の名前を出すことが全容を伝えることになるとは思えない」というものもありました。マスコミ志望ではない一般的な学生です。これが多数の市民の感覚でしょう。報道側の論理を一方的に説明し、「理解してくれ」と言うだけでは決して受け入れられないと思う」

　では、どうするか。畑仲教授は、被害者・遺族の支援という目的に立つ重要性を説く。

「私たちの社会には、傷ついた被害者や遺族を扶助し、支えるという市民道徳や法制度があります。ジャーナリズムの役割も、その枠内で考えていくべきではないでしょうか」

†最優先の被害者保護、それでも取材する理由

　報じる側の論理は一方的かつ抽象的で、会社や業界内だけで議論しても独善から逃れられず、理解も得られない。被害当事者や社会に耳を傾け、意見を取り入れたルールを確立するべきだ――多くの研究者に共通する指摘をまとめれば、そういうことになる。

　京アニ事件で遺族取材に当たった広瀬一隆も、地元の弁護士会などと連携して被害者保護を最優先する仕組みの必要性を私の取材に述べた。取材の意向確認も、警察や報道各社が直接するのではなく、記者クラブの代表社や京アニのような被害企業の代理人に任せるのでもなく、被害者個々についた代理人がすることはできないか、と。

「弁護士や被害者支援団体の意見を聞きながら、仕組みやガイドラインを会社間で、あくまで自律的に作っていく必要があるんじゃないか。自由な取材を制限するので相当難しいし、社内でも理解されるかわかりません。でも、今の新聞は「公益を重んじる」と言いな

がら遺族に多大な負担をかけ、ある意味、公益を害している。自由な取材を担保するためにも、一定程度は自分たちを縛ることも必要なのではと思います。矛盾したような変な話ですが……」

慎重に言葉を選びながら広瀬は語る。だが考えてみれば、自由な言論を前提としつつ、生命や人権上の実害がある件について一定制限するルールは、誘拐事件の報道協定や放送倫理・番組向上機構（ＢＰＯ）など、実際に存在する。被害者報道においても実現する可能性はあるのではないか。

もう一つ、印象に残った広瀬の話がある。合理的な対策やルール作りの議論からはこぼれ落ちる、決して一般化できない話だ。個々の記者と被害者の関係から生じる取材の意味――。「そこは理屈だけで説明できないものがある」と彼は言う。

「社会や公益のために伝えるというのが新聞の公式見解ですが、僕の場合、ご遺族のために伝える、目の前のこの人に納得してもらえる記事を書きたいと思うところもある。亀岡事故のご遺族から継続的に話を聞く中で、「こうして話ができるのはありがたい」と言われたことも何度かあります。亡くなったお子さんのことを職場などで詳しく話せるわけでもなく、僕が取材という形で聞きに行くことが、あらためて話す機会になっているというんです。もちろん、それは先方が感じてはることで、被害者取材一般の理由にはなりません。ただ、そういうこともあるのかと……」

深く頷いた。記者は被害者や遺族を単純に代弁する立場ではないし、そうなれるはずもないのだが、私も取材をする中で同じ心境になったことは幾度もある。

たとえば、日本新聞協会の冊子『実名報道』の結びにコメントが引用されている淺野弥三一氏。05年のＪＲ福知山線脱線事故で妻と妹を失った彼を私は長く取材し、『軌道』（新潮文庫）という本を書いた。「事故の社会化」を目指す彼の執念に動かされ、取材・執筆した本である。

新聞協会の冊子で淺野氏は「警察は実名発表を維持すべきだ。匿名だと被害者が社会に存在した事実が公になることがなく、社会的な抹殺につながる。警察に被害者の社会性を奪う権利はない」と語り、マスメディアに対しても、節度ある取材が実名発表の前提だと条件を付けている。

彼自身、何度となくメディアスクラムに囲まれ、事故直後には妻の顔写真を載せないという約束を複数の新聞社に反故にされ、強く抗議したこともある。それでも、私を含めて数えきれない取材に応じてきた。一方で、事故現場の慰霊碑に妻の名前を刻むことは了承していない。「現場を保存し、事故を社会に記憶させることには意味があるが、妻の死を悼み、弔うのは家族の役目であり、個人的な感情の問題だ」という彼なりの考えがあるからだ。

事件事故の遺族と一口に言っても、当たり前ながら考え方は千差万別で、犠牲者の名前に託す思い、その伝え方に望むこともそれぞれ異なっている。

広瀬が言った「遺族にとって語ることの意味」に関しては、阪神・淡路大震災で遺児となった男性の話を思い出す。当時中学生だった彼は、父親が出張で不在の時に震災に遭い、母親を亡くしている。震災20年を迎える頃、久しぶりに会うと、こう語っていた。

「震災体験や母親の話をするのは必要だと思う。気持ちを吐き出すことにつながるから。でも、言いたい時と言いたくない時がある。直後の取材はもちろん、心のケアのカウンセラーとかもそう。そんな時に来られても話すことなんか何もないですよ。いつかタイミングが合って、こちらの話をただ、「うんうん」と聞いてくれたらいいけど」

自分の取材経験を引っ張り出して被害者報道を正当化しているのではない。ここで言いたいのは、被害者・遺族の心情と経年の変化を理解しようと努めること、そして、話してもらえる時を待つことしか、取材者にはできないのではないかということだ。「遺族の声を社会に伝えること」と「遺族の意向に配慮すること」を本当に両立させようと思えば。

そして、長い時間をかけてそれができる、いや、その責務を帯びているのが、地元紙という存在なのだろうと、あらためて思う。

†記者の原点に立ち戻った二つの連載

〈アニメの世界で「彼に描けないものはない」とまで評されたクリエーターがいた〉

京アニ事件から1年を目前にした2020年7月14日、京都新聞の一面で始まった連載『エンドロールの輝き』は、そう書き出されている。

事件により61歳で命を絶たれた木上益治さんの傑出した作画力、天才と呼ばれながら目立つことを好まず努力を怠らなかった姿勢、そしてアニメーションに託した夢と挑戦が、元同僚や業界人の証言で綴られる。「こんな世界観を表現できる人はどこにもいない」「進化のスピードは爆発的で、追いつくのは不可能だと思った」「少しでも学び取ろうと、皆が懸命だった」……。

京アニの作画部門で机を並べた元同僚は、「並外れた実力を備える木上さんの加入で、将来のビジョンは一気に開けた」と語っている。東京に集中するアニメ業界で地方の下請けとして1981年に創業した京アニが、制作全般を統括する「元請け」となり、国内随一のスタジオに成長できたのは、90年代初頭に移籍してきた彼の存在があったからだと。

記事を書いたのは岸本鉄平。事件発生時の府警キャップだ。20年4月の異動で遊軍記者となり、京アニ事件1年の連載を任された。

「当初言われたのは、京アニという会社について書けないかという指示でした。でもそれより前に、まだまだ人を書けていないという思いが僕にはあり、36人の足跡をあらためてたどることにしたんです。犠牲者の横顔は他社が先に詳しく報じていて、後追いから始まった取材でしたが……」

被害者取材を続けてきた後輩の本田貴信と2人で彼らの仕事ぶりを知る関係者を当たったが、取材拒否も多かった。「京アニが語っていないのに取材に応じるわけにはいかない」と申し訳なさそうに断る人もいた。遺族の多くは口を閉ざしたままだった。

「取材に応じてくれたのは、今現在は京アニと直接関わりを持たない元同僚や仕事仲間が中心です。「彼らの素晴らしい業績をきちんと残してほしい」「世の中に伝えないと存在が忘れられてしまう」と、涙ながらに語る人もいた。ご遺族が拒否する心情はわかります。だけど、亡くなった人を悼み、語りたい気持ちは誰にもある。それを聞き、報じることが問題だとは僕には思えなかった」

岸本はもう一人、キャラクターデザインを担当した池田晶子さんの記事も書いている。京アニの名を一躍高めた『涼宮ハルヒの憂鬱』の主人公をはじめ、数々の作品で登場人物を造形した生みの親だ。「華のある絵を描く人」「池田さんとキャラクターは見事にイコール」といった証言を交えつつ、「私はまだまだ絵が下手くそ。もっと上手になりたいね

二つの連載。事件から1年の日には『エンドロールの輝き』の特集紙面を設け、犠牲者のイラストやメッセージを並べた

ん」と語った彼女のあくなき向上心を描いている。

記事の最後、やはり代表作である『響け！ユーフォニアム』の有名なシーンが引かれる。〈命を吹き込むように描き出した久美子（主人公）が、思うような演奏ができず悔し涙をこぼしながら、宇治橋を駆け抜けていく。「うまくなりたい！」。果てしなく広がる未来への叫びは、高みへと手を伸ばし続けた池田さんの、心の声と重なっていた〉

事件以降、京アニ作品を片っ端から視聴し、「仕事か趣味かわからないほどはまった」という岸本。それゆえ、記事にはクリエーターたちへの敬意が色濃くにじんでいる。「高いプロ意識と仕事への真摯な姿勢。自分はこれほど真剣に仕事に向き合ってきたか、

京都新聞
1879（明治12）年、前身の「京都商事迅報」創刊。1942（昭和17）年、戦時統合により二つの新聞社が合併して現在の紙名に。79年、滋賀日日新聞の休刊に伴って業務を継承し、滋賀県内でも発行。発行部数は朝刊で約35万5500部。

問われている気がしました。取材中は実名・匿名とか報道の社会的意義とか、大上段のことは考えていません。ただ純粋に、もっとこの人たちを知りたいという興味、そして、世の中に知ってほしいという思いだけ。考えてみれば、それが記者の原点ですよね。一年生の頃と、やっていることは同じです」

連載では結局、4人の人物像を紹介するにとどまり（後に番外編で1人追加）、取材は今後も続いていくが、業界関係者への取材を通して、もう一つの視点が生まれた。アニメ業界の歴史と構造的問題だ。そこに、なぜ京アニが狙われたのか、なぜこれほど多数の犠牲が出てしまったのか、事件の背景要因が潜んでいると岸本は考えた。20年12月の連載『ユートピアの死角』で、それを書いた。

アニメ関連の市場規模はグッズ販売などで年間2兆円を超えるのに、現場に還元されない業界構造。人気作品を手掛けても、制作会社は存続すら難しいという矛盾。非正規、低賃金、長時間労働が当たり前の過酷な環境。京アニはこれを改善し、「普通の人間の暮らし」ができるようスタッフの待遇を高めた。そのうえで質の高い作品を次々と送り出し、アニメ業界の「理想郷《ユートピア》」と羨まれた。原作を一般公募した「京都アニメーション大賞」の創設も、自社で権利を持ち、収益を生む狙いがあった。

ところが皮肉にも、その賞が事件を呼び込んでしまう。「小説をパクられた」。逆恨みを募らせた男が火を放った午前10時半のスタジオでは大勢のスタッフが働いていた。連載の最終回、ある制作会社の関係者が漏らす言葉にハッとする。「こんな時間に、どうしてこれだけ多くの人が働いていたの?」。徹夜仕事が多く、昼過ぎの出勤が業界の常識だったのに――。

実名を手掛かりに犠牲者の足跡を追う取材は、一人一人の人物像だけでなく、京アニという会社を、アニメ業界の構造を、さらに事件の背景を浮かび上がらせた。「なぜ実名が必要なのか」「なぜ被害者を取材するのか」という問いに対する岸本の、そして京都新聞の一つの回答であるように私には思えた。

「実名か匿名かという大きな、しかし一つの正解はない問いに右往左往してしまった」と岸本は事件直後を振り返る。「そんな抽象論よりも、具体的な記事を書くことで答えていくしかないんじゃないか」。もちろん実名報道や遺族取材の課題は残ったままだ。多くの研究者や広瀬が言うように、被害者保護のルールを作っていく必要はあるだろう。だが、個々の記者の仕事は、事実を追い、人に話を聞き、疑問点を調べることだ。そして、伝えることだ。迷い、考え、悩みながら、一つ一つ答えを出していくしかない。

追記

京アニ事件から2年を迎えた2021年7月、京都新聞は連載『エンドロールの輝き』で、さらに2人の若手クリエーターの足跡をたどるとともに、「悲しみは一朝一夕にぬぐい去れない」と語る京アニ社長の言葉を伝えた。事件前日に完成したという『ヴァイオレット・エヴァーガーデン　外伝』は19年9月に劇場公開され、エンドロールには犠牲となったスタッフの名前も記された。

一方、事件解明の焦点となる裁判は初公判の時期も見通しが立っていない。21年

10月には、青葉真司被告の刑事責任能力を調べる二度目の精神鑑定が行われることが報じられた。

第6章

東海テレビ放送『さよならテレビ』が問うもの

テレビに未来はあるか――。ネット社会になって以降、何度も繰り返し問われてきた。若い世代はＹｏｕＴｕｂｅなどのネット動画に流れ、ＮＨＫ放送文化研究所の調査では「10代、20代の半数がほぼテレビを見ない」という。新型コロナ禍を契機に動画配信サービスの利用も急速に広まっている。

この問いに正面から向き合ったのが、愛知・岐阜・三重を放送エリアとする東海テレビ放送だ。２０１８年９月、自社を舞台とするドキュメンタリー『さよならテレビ』を放送し、20年１月には映画版を公開した。そこに映し出されたテレビの現状は業界内外に波紋を呼び、議論を巻き起こした。21年６月には同作品のプロデューサーが同名の著書を刊行し、これまで手掛けてきた数々のドキュメンタリーの舞台裏を語っている。

生々しい現場レポートであり、鋭利なマスメディア批評でもある作品は何を語り、問うているか。制作者たちの言葉から、今あらためて考えてみたい。

1　不都合な「自画像」が起こした波紋

†ドキュメンタリーは「農耕型」である

「自粛と言われても、われわれの仕事は人に会わなきゃしょうがない。取材してみないと、何が撮れるかわからないですからね」

新型コロナ禍の第一波が収まり、ようやく東海テレビ放送へゼネラルプロデューサーの阿武野勝彦（62）を訪ねることができた2020年7月7日。偶然にもその日、彼が何年かぶりに取材した10分ほどの特集が夕方のニュース番組で流れることになっていた。

主人公は名古屋市内で劇団を主宰する役者夫婦。夫84歳、妻90歳。夫はシェイクスピア劇の大きな舞台を秋に控えていたが、コロナ禍で1年延期になった。他の公演も次々と中止になり、稽古もままならない中、座長夫婦や劇団の役者たちは何を思い、どう過ごしているか。「コロナと演劇」をテーマに2回連続で放送するという。

インタビューが一息つくと、阿武野は5階の音響効果室へ向かい、特集2回目のナレーション録りに臨んだ。劇団のベテラン役者が映像に合わせて原稿を読むのを聞き、「タイトルはちょっともったい付けて」「そこ、もう一度お願いします」と指示を出す。その模様もカメラが追っている。いずれ1本のドキュメンタリーになるのだろうか。聞けば、「そうなればなあ、と。まだわかりませんが」と返ってきた。

自分たちのドキュメンタリーは「農耕型」だと阿武野は言う。種をまき、水をやり、じっくり育ててから収穫する。何が実り、どこへたどり着くかは、最後まで追わないとわからない。対して、日々のニュースは「狩猟型」だ。何をどう取材し、どんな絵が必要か、事前に狙いがある。時間が制約されるほど、取材者は欲しい絵や発言を求め、想定の枠に現実を当てはめてしまう。それでは伝えるものが歪む可能性もあるが、効率のみを追求すれば、自ずとそうなってくる。

「頭の中にあるものをそのまま形にしたって面白くないですよね。現実の方が自分たちの想像をはるかに超えていくものなのに。だからドキュメンタリー制作には時間を十分にかけ、スタッフもちゃんと確保する。年に何本作るかも決めてないんです」

東海テレビのドキュメンタリーを統括するプロデューサーとしての基本方針である。

たとえば、『人生フルーツ』（2016年放送、17年に映画化）がそうだった。自ら設計した愛知県内のニュータウンに暮らす老建築家夫婦を丹念に追った作品は、もともと戦後70

年の企画だった。それが取材を重ねるうちに枠をはみ出してゆく。土と手作りにこだわる夫婦の静かな生活は本当の豊かさや生死のありようを問いかけ、映画化されると、26万人を動員するヒット作となった。

『ヤクザと憲法』（2015年放送、16年に映画化）もそう。今や〝絶滅〟に瀕するヤクザの実態を撮りたいと言うディレクターがいた。ツテをたどり、大阪の組事務所に密着すると、暴力団対策法や社会の厳しい視線に追い詰められ、基本的人権も守られない彼らの苦境が見えてきた。スタッフは編集段階で何度も議論し、最後の最後、「これは憲法問題だね」とテーマが定まった。

ヤクザに密着したディレクターは土方宏史《ひじかたこうじ》（45）という。その彼が自身3作目のドキュメンタリーとして制作したのが、今回取り上げる『さよならテレビ』（2018年放送、20年に映画化）である。報道部に所属し、普段は記者やデスクとしてニュース報道に携わる彼が企画書を持って阿武野のところへ来たのが、そもそもの始まりだった。そこには「テレビの今」という仮題と、東海テレビ報道部――つまり自分たちの職場にカメラを入れることが書かれていた。

「企画書と言っても、内容はほぼそれだけ。5~6行のメモみたいなものでした」と阿武野は振り返る。ドキュメンタリーの企画は報道部員なら誰でも自由に出せるという。それを採用するか否か、何をもって判断するのだろうか。

「ディレクターが本気かどうか、ですね。本当にそれを撮りたいのか。番組にしたいと思っているか。話を聞けば熱意は伝わるし、毎日同じ職場にいるから、見ていればわかります。極端な話、企画書なんかなくてもいい。後からいくらでも書けますから。

土方のあの企画？　そりゃあ最初は嫌でしたよ。あと数年で60歳の定年という時でしたから——今は再雇用プロデューサーなんです——静かに定年を迎えられないな、と」

それでも話を聞き、土方の本気に動かされた阿武野は、「さよならテレビ、だね。それは……」と思わず口にした。著書に続きをこう書いている。

〈しかし、何に「さよなら」なのか、どのように「さよなら」なのか、まったく考えてもいない思いつきだった。ただ、その冗談のような言葉に、土方は素っ頓狂な声で賛同を表明した。その時、彼が何に賛同したのか気にも留めなかったが、「さよならテレビ」は、そのままタイトルとなって独り歩きを始めた〉

†「テレビ屋」的発想のジャーナリズム

一方の土方には、阿武野と入れ替わりにインタビューする予定になっていた。だがその日、岐阜県で豪雨災害が起こり、担当デスクである彼は対応に追われた。現場の記者からひっきりなしに入る電話の一本一本に、柔らかい口調で丁寧に指示を出す。緊急時ほど荒っぽく「命令を下す」調子になる報道現場の常識とは、明らかに流儀が異なっていた。

インタビューは結局、その日の仕事がすべて終わった夜になった。

「僕はもともとバラエティや情報番組を作る制作部出身というのもあって、感覚がエンタメ寄りというか、より俗っぽい「テレビ屋」的なんです。報道部の中でも、そう見られていると思う」

土方の言うテレビ屋的発想とは、「何を取材し、伝えるべきか」よりも「何が求められ、見てもらえるか」が先に立つことだ。報道の使命や社会的意義の前に、面白いかどうか。彼のドキュメンタリーはすべてそこから始まっているという。

「普通の人が見られない場所にカメラを入れてみたら、こんなことがありましたというのを見てもらって、みんなの反応を楽しんでいるようなところがありますね。いくら社会的な面から評価されたとしても、「面白くない」と言われたら悲しい」

活字メディアに置き換えれば、「社会の木鐸」を自認する新聞と、「俗物性」を肯定する週刊誌の違いに似ているだろうか。どちらがより「ジャーナリズム」を体現しているかと問われても、単純に答えられない。それぞれに役割や手法があるし、「面白さ」の種類もさまざまある。どちらも必要、と言うしかない。

『さよならテレビ』は、土方が第1作の『ホームレス理事長』（2013年放送、14年に映画化）を作った際、映画配給会社の担当者に言われた一言がきっかけになったという。「いつか東海テレビも撮ってくださいよ」。何気ない雑談だったが、「それは面白いかも」と心に引っ掛かった。撮影を始めたのは16年秋。そこから1年7カ月にわたって700時間に及ぶ素材を撮りため、テレビ版で77分、映画版で109分に編集した。

作品の概要を振り返っておこう。

舞台は東海テレビ報道部。冒頭、土方が企画趣旨を説明する場面では、特に異論は出ない。だが実際に撮影が始まると、デスクたちから反発が続出する。「何が撮りたいのか理解できない。われわれのミスやトラブルを流すのか」「勝手に取材対象にされている。きちんと合意してからカメラを回すべき」。撮影はいきなり中断に追い込まれる。2カ月後に再開するが、「マイクは机に置かない、打ち合わせの撮影は許可を取る、放送前に試写を行う」と条件が付いた。

日々のニュースに追われ、奮闘する報道部で次々と難題が持ち上がる。振るわない視聴率。残業を減らせという局長からの指示。制作会社や非正規スタッフへのしわ寄せ。モザイクのかけ忘れや音声トラブルなどの事故も起きる。そんな中、主な登場人物は3人に絞られていく。

映画版は「東海テレビドキュメンタリー劇場」の第12弾として公開された

まず中堅の男性アナウンサー。かつて担当した番組で起きた大きな放送事故がトラウマになっている。彼の責任ではないのだが、批判の矢面に立たされた記憶が消えない。看板ニュース番組のキャスターに抜擢されるも、消極的で個性を発揮できない彼を周囲はもどかしく見つめる。

次に外部スタッフのベテラン記者。新聞社出身でジャーナリズム志向が強い。だが、日々の仕事の大半は「Zネタ（ぜひもの）」と呼ばれる営業やスポンサー絡みの取材だ。高い理想と現実のギャップに鬱屈を募らせる中、一念発起して共謀罪の危険性を警告する特集を作るが……。

もう一人は派遣会社からやってきた新人の男性記者。不器用な性格もあって失敗を繰り返し、叱責される。現場レポートはうまくいかず、人物名を間違え、取材相手の顔出し拒否で特集は見送りになる。「一年契約の間に成長を見せないと」と語るが、思いとは裏腹に空回りを続ける。

報道の使命の一つは「困っている人（弱者）を助ける」ことだと作品中で語られる。しかし、今のテレビの現場はどうか。報道部内で立場の弱い3人は、成果を挙げなければ容赦なく切られてしまうのが現実ではないか——。違和感とやるせなさがないまぜになった皮肉な「自画像」が描かれる。

テレビはこれからどうなるのか。生き残っていけるのか。結論はない。タイトルの「さよなら」の意味も、観る者にゆだねられる。

テレビ版は愛知・岐阜・三重の東海3県だけで放送されたが、直後から全国の同業者に噂が広まり、DVDが出回った。映画版は、公開直後にコロナ禍が始まったにもかかわらず、私が取材した半年後の時点で3万人が観たという。

†「セシウムさん事件」から始まった

テレビや新聞の内幕を描いたドキュメンタリーやノンフィクションは、それまでにも例があった。だが、その多くは「いかに奮闘し、報道の使命を果たしたか」が基調になっていた。『さよならテレビ』は、報道機関が見せたくない、都合の悪い部分を赤裸々に、しかも自ら描いた点が大きく異なる。

実は、阿武野はディレクターだった38歳の時、「メディアリテラシー」をテーマにテレビを読み解く番組を作るよう命じられたことがある。その言葉が流行り始めた1990年代の後半。社の上層部には、先進性を宣伝する意図があったらしい。阿武野は「やってもいいが、うわべのきれいごとにはしません。ぜひもの取材などスポンサーとの関係も描きますよ」と宣言する。そして、実際に取材を始めた途端、報道から外され、営業局へ異動になった。

「そもそも人に言われたネタをやるのが当時から嫌だったんです。それでもやれと言うなら内情を全部見せますよ、と。途中で外された時は、ひと暴れしましたね。

異動した先は業務部といって、番組の値付けやセールス方針を決めたり、スポンサーの苦情処理や社内調整を引き受けたりする、営業でも一番きついところでした。そこに4年いて、民放の経営や番組を売る仕組みというものが一通り理解できた」

経営を理解したといっても、その論理に流されたわけではない。逆だ。スポンサーの意向を汲んで、何でもかんでもニュースに営業ネタを入れ込もうとする動きに異を唱え続けたという。

「いかに民放といえども、営業が報道に口出ししてはいけない。営業の仕事は、報道内容に口を出さずに番組提供してくれるスポンサーを見つけ、関係を築くことなんだと。だって、お金で簡単に左右されるなら、報道機関の価値がなくなってしまうでしょう。それがテレビ局の魂だし、テレビ局にいる人間は誰であれ、ジャーナリズムの感覚を持った報道マンであるべきだと思う」

だが、ネット社会へ移行する2000年代から、テレビをはじめマスメディア企業の経営にはっきり影が差してくる。08年のリーマン・ショックでは広告収入が激減し、テレビ業界は大打撃を受けた。どの局でもコスト削減が至上命題となり、非正規の外部スタッフへの依存度が増していく。そんな中、東海テレビは重大な放送事故を起こしてしまう。

東日本大震災から間もない11年8月、生情報番組『ぴーかんテレビ』で起きた「セシウムさん事件」。岩手県産米のプレゼント当選者として、「怪しいお米 セシウムさん」「汚染されたお米 セシウムさん」というテロップが23秒間にわたって流れた。名前を書き込む前のリハーサル用テロップは、外部のCG制作会社スタッフがふざけて作成したものだが、事前チェックが十分に働かず、操作ミスが重なって放送されてしまったのだった。原発事故の風評被害に苦しむ東北の農家を応援する企画が、逆に鞭打つことになり、東海テレビは激しい批判にさらされた。

番組を担当していたのが、『さよならテレビ』に出てくる男性アナウンサーだ。事件の日に毎年開かれる全社集会に出た後、カメラの前で胸のうちを明かす。「あれ以来、放送が恐くなった」「誰かを傷つけることはもうしたくない」。彼がそこまで深く傷ついていたことを、社内の誰も知らなかったという。

『さよならテレビ』は、セシウムさん事件から生まれたスピンオフだと阿武野は位置づける。「事件は偶然ではなく必然だ」と著書で言い、その背景をこんなふうに書く。

〈リーマン・ショック以降、民放ローカル局では、剝き出しの言葉で危機意識を煽る経営者が跋扈した。（略）「勝ち組」「負け組」「生き残り」「筋肉質の組織」「放送外収入」などと言って、社員をサバイバルゲームに駆り立てた〉

〈あの時、ジャーナリズムの足腰を圧し折り、批評精神を錆びつかせ、金銭至上主義の病気を蔓延させたことが、どれだけテレビを貶めたことか〉

一度、裸になって自己検証しなければならない。不都合な現実も、見たくない自画像も、目を逸らしてはいけない。社内の反発は承知のうえで土方の企画を後押ししたのは、そんな思いがあったからだ。番組が世間の批判を浴びれば、社を去る覚悟も決めていたという。

だが、さいわいにも世の中には受け入れられた。今では、東海テレビを受験する就活生の半数が『さよならテレビ』を見て、入社を志望している。

では、社内の反応はどうだったか。

「オンエアから映画化まで、ひとしきりハレーションが起こった後、今はもう〝なかったこと〟になってますね。不細工な自画像を見せられて、破いちゃったんじゃないですか。でも、その残骸は社内のどこかに落ちている。それを一人一人が拾って、時限爆弾のように心の中に持った。そう思いたいですね。ある時、それが変革を起こすきっかけになればいい」

会社の中の「旅人」でありたい、と阿武野は言う。テレビ局という組織の内にありながら、その論理に染まらず、自分たちを客観視する目を持つということだ。土方もまた、報道の現場や業界の常識に「居心地の悪さ」を感じ続けてきた。そのスタンスを貫いたところに『さよならテレビ』は生まれた。

2 「視聴率」と「報道の使命」の間で

†数字に支配される報道現場

社会や時代とのずれ。表向き掲げる「報道の使命」とのずれ。そして、自分の感覚とのずれ。『さよならテレビ』は、東海テレビディレクターの圡方宏史がテレビ局という組織、報道部という職場の中で感じてきた「居心地の悪さ」が基調をなしている。

自分たちは権力者から一般人にまでカメラを向けるのに、取材される側になると強く反発する矛盾。女性が圧倒的に少ない男性中心社会で、軍隊のような上意下達や根性主義が幅を利かせる風土。「残業を減らせ。サブロク（労働基準法36条）協定を守れ」と言いながら、定時退社や休みを取るのがはばかられる雰囲気……。

「昔のよかった時代から変わってないんでしょうね、組織の文化や価値観が。取材現場を離れ、会社の中にいる時間が長くなるほど、自分たちのずれに気づかず、外からおかしいと言われても理解できなくなっていく気がします」

圡方は、制作部出身という経歴上も、性格的にも、報道部の異端者を自任する。「仕事は好きだけど、会社は苦手。組織の論理というものになじめない」。それゆえ、周囲を冷徹に観察してしまうのかもしれない。

たとえば、視聴率への強いこだわり。数字が金科玉条と化し、ほとんど唯一の指標となっているさまが描かれる。毎朝の会議で前日の夕方ニュースの視聴率が報告され、「何をかければ数字が上がるか」「CMの置き所の検討を」「もっと数字に貪欲に」と指示が飛ぶ。競い合う在名古屋4局の表が貼り出され、無情にも「4位」と書き込まれる。そんなシーンが何度も挟まる。

毎分の視聴率を追うと、硬派なニュースよりグルメや生活情報の方が明らかに高い。冷凍食品の話題で数字が上がっているのを見て、圡方がスタッフに問いかける。「グルメばっかりにしたら4位から脱出できるね」。同僚たちは現実を認めつつ、異を唱える。「でもそうしたら、もうニュース番組じゃなくなる」「数字がいいからといって許されると思うなよと昔は言われとった」。

自分たちは報道機関であるという気風が、東海テレビにはまだ色濃いと圡方は言う。

「他局と比べても、いちばん報道の意識が残っているでしょうね。他局がニュースの枠をワイド化し、グルメや街ぶらをどんどんやって情報番組化する中、そこまで振り切れない。良くも悪くもオールドタイプなんです。だから視聴率が振るわないという面もあって。そこが大いなる矛盾なんですけども」

長時間化した夕方ニュースの枠を埋めるため、営業絡みのグルメ情報や低予算の街歩きロケをやる。そういうコーナーの方が視聴率を稼ぐので、さらにバラエティー化が進み、報道色が薄まる。そんな悪循環を第3章で毎日放送の関係者も語っていた。

地方局ゆえの事情もある。夕方ニュースは系列キー局（東海テレビはフジテレビ系）の全国ニュースから続けて放送されるため、前番組の好不調にも左右されるのだ。

さらに言えば、数字も単に上がればよいというものでもない。近年は世帯視聴率以上に個人視聴率が重視され、夕方ニュースはマーケティングで言うところの「F2層（35〜49歳の女性）」、それも子育て中の人を特に意識している。スポンサーの商品購買などにつながるからだろう。しかし現実には視聴者の高齢化が進み、出演者や話題もそれに合わせていかざるを得ない。『さよならテレビ』に描かれる、中堅からベテランへのキャスター交代は、そんな実情を物語っている。

複合的な要因が絡み合う視聴率競争の中、報道部の面々は「伝えるべきもの」と「見てもらえるもの」の間で悩む。これという答えはなく、結果も出ない。もがく姿をカメラは容赦なく映し出す。

こうして「数字に支配される時代」となったことでテレビは方向性を誤ったとプロデュ

ーサーの阿武野勝彦は著書で批判している。

〈視聴率とは、はじめは営業の指標にすぎなかったのだが、いつのまにか組織全体の共通の価値観へと押し上げられていった〉

〈一度、「数字」の支配が貫徹すると、組織は雪崩を打ったように「数字」の妄信へと傾斜していく。グラフや表を経典のごとく持ち寄っては拝み、地域を、こともあろうにマーケットなどと言い始める〉

私の取材には、こんな表現で語った。

「数字に縛られすぎると、野球で言えば当てに行くバッティングになり、小さくまとまってしまうんです。自由度が減り、人の真似やどこかで見た話ばかりになる。そうすると最後はジリ貧になるという危機感が私にはずっとある。

視聴率はそりゃあ1位になる方がいいに決まっている。だけど、われわれは順位のためにやっているわけじゃない。それよりも「東海テレビのニュースなら見るよ」という熱心なファンを持つことの方がよほど重要じゃないですか」

†「居心地の悪さ」と向き合う

「居心地の悪さ」を描く土方の狙いは、主要登場人物の選択にも反映されている。当初は正社員の若手記者も含めて5人を追っていたが、最終的に立場の弱い3人――セシウムさん事件を引きずる中堅アナウンサー、硬派なジャーナリズム志向のベテラン契約記者、派遣会社から来た新人記者――に絞った。

「テレビ屋的な発想かも知れませんが、彼らに対する周囲の扱いや接し方を通して、組織の性格がよく見えてくると思ったんです。それぞれに悩みを抱え、キャラもわかりやすい。特に新人記者の彼がそう。不器用で、自分をよく見せようと取り繕ったり、パフォーマンスをすることもない。失敗ばかりしますが、愛すべき部分もあって。テレビ局の社員というのはだいたい器用に振る舞うもんですから、ああいうタイプは珍しいんです」

彼は結局、「成長が見られない」と1年で切られてしまうのだが、映画版ではプライベートの姿も描かれている。アイドルに入れ揚げ、テレビの仕事に就いた理由を「アイドルの子に言われたから」と語る。記者としては頼りないが、その飾らなさは土方の言う「愛すべき部分」なのかもしれない。

そんな彼に同情的な視線を向けるのがベテラン契約記者だ。新人記者が「卒業」と称してお払い箱になると、「卒業なんていうオブラートに包んだ言葉で括れるんですかね」と声を上げる。だが、耳を貸す者は誰もいない。「弱者を助ける」と謳うテレビの、それが現実――。

『さよならテレビ』撮影中の圡方ディレクター（右）。コンビを組む中根芳樹カメラマンと（東海テレビ提供）

こうしたシーンは圡方の怒りや正義感の現れなのだろうか。聞いてみたが、そうではないという。理路整然とした「主張」ではなく、組織の論理に感じるモヤモヤした違和感やなじめなさ。それを、皮肉を込めた「面白さ」として描いたのだという。

「怒りを持っていたのは僕じゃなく、カメラマンの中根芳樹ですね。彼や編集の高見順は「東海テレビプロダクション」という制作会社の所属で、同じ職場で同じ仕事をしていても、社員とは待遇に差がある。だからテレビ局に対し、僕とは異なる視点や明確な問題意識を持っています。サブロクにケツを叩かれて取材したこともたくさんある。中根協定の件では報道局長に話を聞きに行けと言われ、嫌だったけど行きました。結局は僕が詰め切れず、その場面は使いませんでしたが……」

圡方は、過去2作でもコンビを組んだ中根に全幅の信頼を置く。彼に助けられて自分の作品はあると言う。

「ドキュメンタリーの取材って、打ち合わせはもちろんしますけど、現場で実際に何を撮るかなんて、いちいち指示できないんですよ。特に今回は身内が取材対象だったので、指示すれば全部わかってしまう。基本的に中根にお任せでした。だから彼をはじめ、編集や音声の担当者、もちろんプロデューサーの阿武野、スタッフそれぞれの思いが『さよならテレビ』には入っています」

とはいえ、年齢やキャリアや立場によって、テレビへの思いも、ジャーナリズムの流儀も少しずつ異なる。スタッフの間で激しい議論になり、全員がクタクタになったという。

最も意見が割れたのはラストシーン。テレビの舞台裏を描いたドキュメンタリーの、さらに舞台裏を見せる〝タネ明かし〟のような場面だ。今まで事実と思って見てきた光景は、嘘ではないにしろ、多分に演出されていたのか。作為的な編集だったのか。視聴者は翻弄される。

土方は早くからこの幕切れを考えていたが、「ここまで見せる必要があるのか」と異論が相次ぎ、泣き出すスタッフもいたという。オンエアや映画を見て「露悪的だ」と批判する人も少なくなかった。だが、そういう意図ではないと土方は言う。

「露悪って人が見たくないものを見せつけて楽しむことでしょう。絶対そうはならないようにしたかった。ここで意識したのは、あえて言葉にするなら「フェア」であろうということです。身内やテレビのカッコ悪いところを描いている自分だって、テレビの世界にどっぷり浸かった人間なんですよ、と。

芸人さんが自分を落として笑いを取る感覚に近いかもしれない。面白さのためなら売れるものは全部売っちゃえ、という。編集室で僕が軽口を叩くあの場面を見て、「お前そのものだ」と言う人もいました。俗の極みのようなテレビ屋だと。真摯なドキュメンタリストである阿武野とは、そこが違う」

土方は映画版に寄せた文章で、テレビの自画像を等身大に描けたか自問し、「いまだに居心地が悪い」と書いている。しかし業界が変わるためには、その居心地の悪さと向き合う必要があるのでは、と言う。八方ふさがりに思えるテレビに、まだ幾ばくかの希望があるとするならば、だ。

†ドキュメンタリーの伝統に守られて

『さよならテレビ』の取材に際して取り決められた局内試写は18年9月の放送3日前に行われた。案の定、反発が続出した。「悪いところだけを切り取っている」「会社のイメージを棄損した」……。しかし阿武野は取り合わず、すぐに散会を告げた。完成披露をしただけで、修正に応じるつもりはなかった。そもそも取材対象に放送前の番組を見せるのは報道倫理に反する。

いくら局内に反発が渦巻いても、内容が事実であり、然るべき手続きを踏めば、予定通り放送される――しかも「開局60周年記念」の冠まで付けて――のは、東海テレビの報道機関としての矜持かもしれない。波紋を呼び、賛否の分かれる表現でも許容する自由度があるということだ。

そうした土壌を作った大きな要因にドキュメンタリーの伝統がある。独自の視点と粘り強い取材で対象に肉薄し、地域の人びとの生き様や事件の裏側を描く作品群は、早くから業界で有名だった。11年の『平成ジレンマ』(戸塚ヨットスクール事件で批判の的となった戸塚宏校長のその後を追った作品。テレビ版は10年放送)を皮切りに映画化に乗り出すと、「ドキュメンタリーの東海テレビ」は一般にも広く知られるようになった。その看板を築き、今も守り続けるのが阿武野である。

「私が入社した1981年当時から、社内では「ドキュメンタリーの東海テレビ」と言われていましたが、世間的には知られていなかった。私も別にドキュメンタリーが好きだとか、興味があったわけじゃない。

そもそも入社動機もずいぶんいい加減でした。大学の放送局でラジオドラマを作ったりしていたんですが、学生運動の周辺にいたので普通の企業への就職は難しい。アナウンサー試験なら通りやすいぞと聞いて、先輩がいる会社に入ったという経緯なので」

それが入社まもなく、ドキュメンタリーの「職人」というべき優れた作り手たちが社内にいることを知り、彼らの作品と出会ってゆく。徳山ダム、四日市公害、名張毒ぶどう酒事件……。時間と手間をかけて丹念に追いかける仕事に引き込まれ、「こんな豊かな世界があるのか。こんな表現ができるのか」と目を見張った。アナウンサーの仕事には7年で見切りを付け、記者に転じた30代からドキュメンタリスト人生が始まる。90年代はディレクターとして、2000年代以降はプロデューサーとして数々の話題作・問題作を世に問い、称賛と議論を巻き起こした。

「社内の騒動も、まあいろいろありましたが、いちばん大きく揺れたのは光市母子殺害事件の弁護団を取り上げた『光と影』(08年)ですね。あの時は経営トップに面と向かって罵倒されましたから」

自分に浴びせられた罵倒の言葉を阿武野は著書に書きつけている。「お前はキチガイだ。絶対に放送させない」「会社を危機に陥れるつもりか」……。トップにここまで言われながら放送にこぎ着けた舞台裏には、当時の報道局長と編成局長の支えがあったという。そして、番組は日本民間放送連盟賞最優秀賞など3つの賞を受けた。一連の経緯から、阿武野は組織の「内部的自由」の重要性を説き、経営がジャーナリズムに介入しない取り決めが、今こそ必要だと言う。

「ドキュメンタリーの経験があり、その力を知る人間、そしてスタッフを信頼できる人間が、組織の要所要所にいることが大事なんです。そういう人間がいたから、『さよならテレビ』も放送できた。だけど人が変われば組織はすぐに変質し、経営の論理に飲み込まれてしまう。そうなればジャーナリズムや表現の自由は守れません」

先述した『平成ジレンマ』や『光と影』の齊藤潤一ディレクターは、阿武野とともに東海テレビのドキュメンタリーを牽引してきた同局を代表する記者であり、ドキュメンタリストだ。冤罪事件や犯罪被害者、それに裁判官や弁護士に密着した「司法シリーズ」を何本も制作し、21年には名古屋闇サイト殺人事件を取り上げた『おかえり　ただいま』が劇場公開されている。

その齊藤が『さよならテレビ』では報道部長として登場する。視聴率の不振に悩み、サブロク協定で局長と現場の板挟みになるサラリーマン管理職として描かれる。阿武野や土方も当然、齊藤の取材者としての力量と実績は十分理解し、敬意を持っている。だが、自分たちの職場にカメラを向け、組織の「居心地の悪さ」を描くと、そのような姿に映ってしまう。現場に立つ記者の顔とは異なる、組織人の一面が切り取られてしまう。

人間や事実とはそれだけ多面的なものであり、ドキュメンタリーとは取材で積み重ねた事実をある視点や角度から切り取って再構成した表現なのだと、この作品はあらためて教えてくれる。そして、その視点や角度にこそ、作り手の取材姿勢や伝えたいことが現れるのだと。

阿武野にドキュメンタリー論を聞く中で「賞に絡め取られる」という言葉が出てきた。時間と金がかかるわりに視聴率に貢献しないドキュメンタリーは、賞という名誉を会社にもたらすことで、なんとか存続できている現実がどこのテレビ局にもある。「そうすると賞を取ることが不文律となり、いつしか賞のためにドキュメンタリーを撮るようになる。そんなつまらないことはない」と百戦錬磨のプロデューサーは言う。

では、東海テレビは何のために作っているのか。阿武野の答えは明快だった。「自分たちの伝えたいメッセージを、広く社会に見てもらうためでしょう」。

3 「テレビの闇」はどこにある

†取材される側が託したもの

「テレビの闇って、もっと深いんじゃないですか」——。

『さよならテレビ』の終わり近く、ディレクターの土方宏史に挑発的な問いを投げかけるのが主要登場人物の一人、ベテラン契約記者の澤村慎太郎（53）である。私は以前に彼と面識があった。5年ほど前、作品にも出てくるようなジャーナリズムをテーマとする集会で出会ったのだが、今回あらためて聞いてみた。普段は取材する側の人間が密着取材の対象になって何を感じたか。

「自分は立場上、テレビや報道部を客観的に見てきたし、メディアやジャーナリズムへの関心は強いので、狂言回しの役割ができるかなと思って最初は取材を受けたんです。ただ毎朝マイクを付けられ、カメラで動きを追われると、『今日もやるのか。もういいだろ』と反発を覚えることもありました。取材を暴力的に感じるというかね」

澤村は大学卒業後の1991年、東海地方の「中部経済新聞」に入社するも7年で退社。

雑誌のフリーライターなどを経て2004年、「みんなの滋賀新聞」の創刊準備に加わる。県紙のない滋賀に新たな地元メディアを作ろうと、地元企業が出資して翌05年に創刊したが、取材網や販売体制が整わず、わずか5カ月弱で廃刊。約50人いた社員は解雇された。労働組合委員長だった澤村は最後まで会社との交渉や残務処理に当たったという。その後、名古屋に戻ると専門学校講師やライターの仕事をしながら、東海ラジオで非常勤のニュースデスクに。その縁で系列の東海テレビに誘われ、12年から契約記者となった。

いくつかの地方メディアを渡り歩いて考えてきたのは、「地域に根差してじっくり取材し、足下から少しでも社会をよくする記事を書きたい」ということだ。最も充実していたのは滋賀時代、担当した市で街ダネを探して自転車で走り回った数カ月間だったと振り返る。ドキュメンタリーに描かれる「権力監視を旨とする正義感の強い記者」とは、少し印象が異なっている。

「今の政治に怒り、権力監視だなんだと語っているのも確かに自分の一面ではあるんですけど、ちょっと誇張されているかな。あそこに出てくる報道部の人たちもそうで、みんながあの印象のままじゃない。現実はもっと複雑で多様なものですよね」

ドキュメンタリーとはどこまで現実なのか。テレビ的に「成立」させるために現実を都合よく切り取っているだけじゃないか。作中で澤村はそんな疑問を口にする。土方の意図は理解し、テレビ局という組織への違和感にも共感するが、それを表現するテレビ的手法には、いまだに慣れないところがあるという。

もう一人、撮影当時を知る記者に会った。10年から18年まで東海テレビに在籍し、現在は大阪の毎日放送へ移っている柳瀬良太記者（33）。大学時代に『光と影』を見て感銘を受けたという彼は、「ドキュメンタリーの東海テレビ」が確立した後に入社した世代だ。そして、「テレビ離れ」や「マスコミ不信」が盛んに言われる時代に記者となり、社会やネット上の厳しい目を実感してきた。

「デスクの人たちは撮られることに反発していましたけど、僕ら世代の現場の記者は取材に抵抗を感じたり、拒否したりすることはなかったですね。作品には使われていませんが、僕自身も取材を受けました。

自分たちも普段やっていることだからというのもありますが、テレビの内情をもっとオープンに見せていった方がいいと思うんです。記者が日々何を考えて仕事をし、何に悩み苦しみ、どうニュースに向き合っているか。社会に伝わっていないことがテレビ不信の一因になっているし、マスコミ志望者の減少にもつながっていると思う。僕ら現場レベルでは、別に隠すようなこともありませんしね」

同じ報道部の中でも、社内にいるか現場に近いか——それは概ね40代以上と30代以下の世代差になる——によって、受け止め方が異なるという指摘だ。

完成した『さよならテレビ』を柳瀬はどう見たか。聞けばやはり、実像とのずれを感じる部分もあるという。実際のところ、報道部員はそこまで視聴率を気にしてはいないし、派遣の新人記者を冷たく放置していたわけでもない。柳瀬自身、彼によく助言したり、悩みを聞いたりしていた、と。

だが、テレビ局という組織の矛盾や違和感をあえて強調した土方の狙いも理解できる。作品の感想も社内で世代差があり、若い世代ほど「よくこんなふうに描いてくれた」と好意的だったという。

「土方さんとは愛知県警を一緒に担当したこともありますが、彼のすごさは、報道記者的ではない見方ができるところ。僕らがテレビや報道の常識として片付けてしまうことにも目を留め、「それはなぜ?」「どういうこと?」と疑問や関心を持つ。一般の視聴者に近い感覚を持っているんでしょうね」

†地方テレビ関係者たちの共感と違和感

では、ほかの地方テレビ関係者は『さよならテレビ』をどう見たのだろう。私は大阪の局を中心に10人ほど感想を聞いて回った。そもそもテレビというメディアに対する私自身の関心が在阪局の政治報道から始まっていて、知り合いが多いのもあるが、それとは別に一つのきっかけがあった。

『さよならテレビ』のオンエアから数カ月後、大阪で20人ほどのテレビ関係者が集まり、DVDを見る会があった。どんな感想や議論が出るのか興味を持った私は、その場に参加させてもらった。ところが上映が終わると、なんとなく気まずい空気が漂い、誰も積極的に口を開こうとしない。せいぜい、登場するアナウンサーへの論評や知り合いが出てきたという当たり障りのない話ぐらい。作品が問いかける問題から、あえて目を逸らしているように見えた。

「私も活発に議論したいと思って呼びかけたんですが、とてもそんな雰囲気じゃなかったですね。あそこで描かれたことはどこの局にもあり、薄々問題だと感じていたのをはっきり突き付けられて戸惑ったんだと思う。ライターさんとか、テレビ業界以外の人がいたのも、話しづらかったんでしょう」

上映会を企画した番組制作会社の関係者が振り返る。後日、「あの時は話せなかったが」と数人から感想のメールがあったという。

「個人的に一番考えさせられたのは、派遣記者が1年で切られる話。ああいう例はそこら中にあります。どこかの局で「この子は使える」と評価されれば、「うちに来ないか」と引っ張ってもらえますが、そうでなければ、局から局へ回遊魚のように渡り歩くことになる。どこへ行っても補助的な仕事のまま経験を積めず、スキルも高まらず、結局は使い捨てられてしまう。

個人の資質もありますが、構造的な問題が大きい。今のテレビは外部スタッフに大きく依存しているのに、人を育てられる仕組みになっていないんです。かつては局からの制作費には少し余裕があり、新人はディレクターの補佐をしながら給与をもらうことができた。ところが制作費が切り詰められ、AD（アシスタントディレクター）を付ける余裕がなくなった。しかも働き方改革で、新人も先輩も残業できない。そんな中で新人育成の場が削られていったんです」

問題の根幹に労働者派遣法があると、この関係者は指摘する。法律に沿えば、契約書にある仕事以外はさせられない。労働時間は厳しく定められている。同一企業・部署で働けるのは最長3年。年に3日間の研修をしなければならない……。

「法改正で細かなルールが増えるたび、人を育てる余地がどんどんなくなり、結果的に派遣労働者の首を絞めているんですよ。年に3日の研修なんかより、実際の仕事を幅広く経験する方が、よほどスキルアップになるのに」

土方や澤村によれば、東海テレビは「昔ながらの純血主義」がまだ根強く、報道に携わる外部スタッフは、他局に比べればかなり少ない方だという。だが、主要登場人物の2人が外部スタッフだったせいか、この点に言及するテレビ関係者は少なくない。数年前まで在阪局に勤務した元記者は、『さよならテレビ』に描かれる葛藤がうらやましかったと言う。業務の専門化と分業化が著しい在阪局では、そんな葛藤すらなく報道の外部委託が当たり前に進んでいる、と。

「外部スタッフが番組作りの中心になると、無難で保守的な企画が増えます。彼らは一本ごとに視聴率で評価されるし、賛否を呼ぶようなリスクも冒せない。企画会議は新聞が報じたネタを持ち寄って焼き直し、権力監視や踏み込んだ報道に必要な取材・調査をする余裕もない。その結果、安易に話題の人物に走り、彼らの言葉や動向をそのまま伝えることが〝報道〟になってしまう。新型コロナ禍で大阪府の吉村洋文知事がやたらとテレビに出て称揚されたのは、在阪局のそうした現状の反映です」

これは、プロデューサーの阿武野勝彦が語っていた「数字に支配される時代」がもたらす「当てに行くバッティング」に通じるものだろう。

テレビ局の現役社員たちの感想は、概ね似た傾向だ。以下のような声が複数あった。

「重要なテーマだが、自分の社にもある問題が描かれていて、直視するのが辛かった」

「映像や音声の編集が巧みで、エンターテインメントとして完成度が高い」

「自社にカメラを向ける番組は、うちにはとても無理。映画化までしたのは、さすが東海テレビ」

と、こうした評価の後に「しかし……」と続く。

「テレビが抱える問題の本質は、報道局内よりも、局外の営業や経営との関係にある。そこに切り込んでほしかったのだが……」

誰もが「そこにある」と言うのに、詳らかにできない。「うちには無理」と言いながら、他局には「切り込んでほしい」と期待する。それが「テレビの闇」というものなのだろうか——。

†地方局だからこその強みとは

『さよならテレビ』を見た他局の関係者が口を揃えて言う「うちでは絶対できません」という言葉。これに対する心境を、阿武野は映画版パンフレットに書いている。

〈「あなたもまた組織の劣化の推進役だと言っているのと同じですよ……」と心の中で思いながら、「できないんじゃなくて、やらないだけでしょ」とついついストレートを投げてしまうのだった〉

視聴者からは「華やかな世界と思っていたけど、私の会社と変わらないのですね」「報道の皆さんの一生懸命な姿を見られてよかった」と好意的な反応の一方で、批判も少なくなかったと土方は語る。「これでは全然、「テレビの闇」が描けていない」「もっと覚悟を持って深く追及しろ」といった声だ。

「ネット上でよく言われているような、テレビに期待される「闇」ってあると思うんですよ。だけど、実際はそんなわかりやすいものじゃなく、もっと日常的で凡庸なものです。存在しないものを、視聴者を気持ちよくさせるために、あたかもあるかのように描くと陰謀論になってしまう。だから、ああいう形になったんですが、「結局、何が言いたいのかわからない」と言われることもあった。視聴者も悶々としてフラストレーションの溜まる作品だったんじゃないかと」

「テレビの闇」とは結局、何なのか――。『さよならテレビ』をめぐって制作者や業界関係者の話をさまざま聞いてきて、あらためて思う。それは、テレビに関わる一人一人の心の中にあるものの総体ではないかと。

視聴率やスポンサーに過度に縛られ、「コストカット」や「マネタイズ」といった数字に傾く組織の論理に抗えず、報道機関であることの矜持や責任感、何よりも自由を失っていく。その閉塞感や諦めが「闇」を作り出しているのではないか。

東海テレビにはまだ自由度があるように思える。少なくとも、数字の支配に呑み込まれ

東海テレビ放送

現在の東海ラジオ放送を中心に設立され、1958（昭和33）年開局。放送エリアは中京広域圏（愛知・岐阜・三重）。フジテレビをキー局とするFNN系列だが、中日新聞社とも資本関係があり、ニュースなどで提携する。

まいと抗う人たちがいる。ドキュメンタリーという表現を武器にして。

土方と阿武野、それぞれのインタビューの最後に、本書のテーマに関わる質問をした。『さよならテレビ』は地方局だからできたのか。地方局であるがゆえにできることや強みはあるか。

「どうでしょうか。しがらみが少ないというのはあるでしょうね。組織が小さいから、忖度や根回しをする相手が少ない。『さよならテレビ』だって、多少のハレーションはあっても、阿武野がOKすればできるわけですから。キー局だとそうはいかない。社内だけじゃなく、スポンサーもシビアに広告効果を計算するし、タレント事務所との関係もある。存在感が大きいから視聴者の批判も多い。ローカルだとそこまでではないから、結果的に自由にやれているという面はあるかもしれません」

土方の語り口はどこか飄々としてクールだ。自分でも言うように、正義感や使命感の強いタイプではない。テレビの現状をことさら憂うわけでも、さりとて未来に希望を見ているわけでもない。「恐竜が絶滅したように時代や環境に合わなくなれば、いつかはなくなるんでしょう」と。ただ、もうしばらくは地方局の報道現場で、好きな仕事を続けようと思っている。少しばかり「居心地の悪さ」を抱えつつ。

対して阿武野は「テレビ愛」、とりわけ「東海テレビ愛」が強い。ドキュメンタリーやジャーナリズムの力を信じている。著書の最後にこう書く。

〈テレビは、ジャーナリズムの砦であり、テレビマンは映像文化を創造する担い手である。ジャーナリズムは、テレビが地域の人々と切り結ぶ唯一のパイプだし、映像文化の創造は豊かな地域づくりに欠かせないものだ。これは、私がテレビで活動するただ一つの理由だ〉

地方局だからこその強みはあるのかという私の問いには、こう語った。

「あると思います。たとえば、名古屋地裁に密着した『裁判長のお弁当』というドキュメンタリーを作りましたが、あれは規模的にも地域的にも、名古屋がちょうどよかった。他の地裁では、ああいう視点を持つのは難しかったかもしれない。自分たちが那辺にいるかを知ることで、見えてくるものがあるんです。

ただし、ローカル局はこういうものと一括りにしてしまっては何にも見えなくなる。キー局だって本当は東京周辺の人びとを取材するローカル局なわけで、それぞれの地域に、その地域や現場でしかできないことがあるはずです」

そして、すべてのテレビマンたちに向けるように言った。

「それぞれの局の自由度を高めていくのは、今いるメンバーしかいません。個々人が自由に発想し、作る努力をしないと、その局は特徴を失い、表現の可能性も狭まっていく。だから、コツコツやるしかないんじゃないですか。決して諦めずにね」

長いあとがき

本文にも書いたが、私が兵庫県の県紙である神戸新聞に入社したのは1992年だから30年近くも前のことになる。

兵庫県には縁もゆかりもなく、紙面を読んだこともなければ、新聞社の存在すら知らなかった。大阪で生まれたが、小学校の途中から東北や北海道を数年おきに転々とした私にとって「地元」や「郷土」という言葉は縁遠く、どこかわずらわしい響きを感じていた。

大学時代は京都で過ごし、就職活動に際しては本や雑誌に関わりたい、できれば書く仕事をしたいとぼんやり考えていたものの、報道を志していたわけではない。いくつかの出版社に落ち、しばらく迷走した末、とりあえず手近な新聞社に滑り込んだのである。だから、私は完全に「でもしか記者」だった。

仕事は思いのほか楽しかったが、数年勤めたら出版社へ転職しよう、そうなるとやはり東京だな……とまだ腰掛け気分でいた3年目に阪神・淡路大震災が起こる。激震と猛火で壊滅した神戸の街を右往左往し、家族や住居や仕事を失った人たちに話を聞いて回った。

避難所や公園のテント村に足を踏み入れて声をかけるのは当初気が引けたが、神戸新聞と名乗ると、「あんたの会社も大変やったらしいな」と受け入れてくれる人もまれにいた。社屋が全壊した地元紙の記者を同じ被災者と見てくれたのだろう。

やがて、行政の支援が届きにくい外国人の被災者を集中的に取材するようになると、震災以前の警察回りや街ダネ取材ではあまり出会うことのなかった人びとが身近に多数いることを知った。長田区で盛んなケミカルシューズ産業の周辺には、地域に根付いた在日コリアンのコミュニティがあり、難民として祖国を離れたベトナムの人たちが家族ぐるみで働いていた。市東部の食品工場にはブラジルやペルーから来た日系人が多く、日本語学校を回れば、中国やミャンマーやフィリピンから夢を抱いて来た就学生たちが下宿やアルバイト先を失って途方に暮れていた。

カトリック教会などを拠点に彼らの生活再建をサポートする団体ができ、災害弔慰金や医療費を在留資格にかかわらず支給するよう行政に働きかけた。多言語で生活情報を流すコミュニティFMが開局し、「共生」を掲げて多くの活動やイベントが生まれ、被災した外国人市民が屋台の商売から再出発した。一連の動きを取材しながら運営会議に参加し、ボランティアとして手伝う中で――つまり、半ば支援者となって関わることで――私は初めて「地元」という感覚を少し理解できるようになった。震災から1年余りのことだ。

〈大きな災害は、ジャーナリストに番犬（Watchdog）でいるよりも、善き隣人（Good Neighbor）であることを求める。そして「善き隣人」はコミュニティに共通善をもたらすアクターでなければならない〉

本書に登場する地域ジャーナリズムの研究者、畑仲哲雄・龍谷大学教授の『新聞再生 コミュニティからの挑戦』（平凡社新書、2008年）の中に見つけた一節である。

私はまさに、そのような経験をきっかけに少しずつ地元紙の記者になっていった。あの震災に立ち会った者として、ここに「居続ける」責任を負った気がしたのだ。最低10年と当時は考えたが、震災から25年が過ぎた今も結局、神戸に住んでいる。

ただ通り過ぎてゆく傍観者でいるよりも、そこにとどまって「共に事に当たる」ように取材することが自分の仕事につながってきたように感じている。新聞社で小規模な総局にいた時も、退社して街の雑誌やフリーマガジンを作っていた時も、JR福知山線事故の遺族に取材した『軌道』を書いた時もそうだった。

†パブリックジャーナリズムの継承者たち

先に引いた一節の前段で畑仲教授は、1990年代にアメリカの地方紙から起こった「パブリックジャーナリズム」の運動を紹介している。ニューヨーク・タイムズやワシントン・ポストのような有名新聞が標榜する「権力監視」や「客観主義」ではなく、記者が共同体の参加者＝市民として地域の課題に踏み込み、議論を喚起し、人びとの生活が良くなるよう手助けする。そんな報道スタンスのことだ。２０１０年代以降あまり使われなくなった言葉だが、近年重視される「ソリューションジャーナリズム」あるいは「建設的／解決型ジャーナリズム」に、その考え方は受け継がれている。

日本国内の現在の取り組みで言えば、九州のブロック紙、西日本新聞が18年に始めた「あなたの特命取材班（あな特）」がそれに近い。読者とＬＩＮＥでつながり、寄せられた疑問や困り事、調査依頼を新聞社の取材力を駆使して調べる。課題解決型の調査報道は「ジャーナリズム・オン・デマンド（ＪＯＤ）」と呼ばれ、全国の地方メディアに連携のネットワークが広がる。北海道から沖縄まで地方紙を中心に、テレビやネットメディアなど25社29媒体が情報共有と記事交流、共同調査報道を行っている。

たとえば21年2月、愛知県知事のリコール署名偽造事件に絡み、佐賀県内で行われた大規模な署名書き写しの実態が報じられたのは記憶に新しい。これは、あな特に寄せられた情報を端緒に西日本新聞と中日新聞が共同で取材したスクープで、同年度の新聞協会賞を受賞した。新型コロナ禍の報道では、地方紙が共同でアンケートをしたり、各地域の感染状況や対策を比べたりして、掘り下げた記事を届けようとしている。

全国ニュースや他地域の情報はこれまで通信社からの配信記事でフォローするのが中心だったが、それぞれに現場を持つ地方メディアが直接、横のつながりを強めているのだ。地域住民の声から出発し、取材を積み上げていくボトムアップ型の報道によって。

本書で紹介した地方メディアの仕事にも、パブリックジャーナリズムの考え方が自然と体現されているように思う。

秋田魁新報は、イージス・アショアというミサイル基地に対する住民の不安に答えようと取材を深めていった先に、松川敦志記者が防衛省のずさんデータを発見した。ローカルな視点と現場取材に徹して放ったスクープが国家の防衛政策と日米の安全保障戦略を転換させるきっかけとなる。「なぜ秋田だったか」を探る調査報道は現在も続いている。

琉球新報は、沖縄県知事選挙をめぐる大量のネットデマを検証し、その発信源に迫った連載では「デマを決して放置しない」姿勢を示した。辺野古新基地に反対する県民の声が蔑ろにされる中、22年秋に次の知事選が迫る。在京メディアの報道姿勢を問い、「県外の「普通の国民」の無関心がヘイトを蔓延させた」とする滝本匠記者の指摘は重い。

毎日放送の斉加尚代ディレクターは、大阪の学校現場から社会の変化を見つめてきた。政治の介入で愛国教育に傾く教科書、背景にある歴史修正主義、教員の自由を縛る条例。もう一つのテーマである沖縄には大阪発のデマが向けられる。社会の空気に押されてテレビが変質していく中、同局の『映像』シリーズは報道姿勢を守れるだろうか。

瀬戸内海放送の山下洋平記者は、香川県ゲーム条例や高知白バイ事故死を独自の視点で追い、行政や議会や司法を鋭く追及してきた。地方に根差す記者のやりがいと調査報道にかける思いを語り、おかしいことはおかしいと粘り強く言い続ける。その一方、コロナ禍に悩む母親たちに対しては、同じ地域で暮らす生活者の目線で共感を寄せる。

いずれも地方の現場で、長い時間をかけ、住民や生活者の側に軸足を置くことで、国の中枢の問題や社会全体の歪みを明らかにした優れた報道だが、私はこの本で単にスクープの舞台裏やスター記者列伝を書きたかったわけではない。マスメディアが本来的に抱え、自分自身が記者として悩んできた問題についても、あらためて考えてみたいと思っていた。地方発の報道が読者・視聴者の信頼を得て、この先も必要とされ、続いていくためには避けて通れないからだ。

一つが京都新聞の被害者報道。京アニ事件に直面した取材班の議論には、実名・匿名、メディアスクラム、警察発表のあり方、遺族・被害者との関係、社会への説明責任など多くの論点がある。「被害者保護と報道の両立」という難題に向き合い、闊達に議論する姿勢から「このままではいけない」という危機感が伝わり、多くのことを教えられた。

東海テレビ放送の『さよならテレビ』も現状への危機感に満ちている。彼らはあえて

「不細工な自画像」を描いてみせたわけだが、報じるべきものと求められるもの、経営の論理と報道の独立の葛藤はすべてのメディアに共通する。阿武野勝彦プロデューサーや土方宏史ディレクターが語る組織への違和感、距離の取り方にも深く共感した。

経歴を聞けば、「地元のために」と強い使命感や目的意識を持って入社した人ばかりではない。そういう人は、むしろ少ない。それがさまざまな取材経験を通じてプロの記者に育っていく。現場で疑問や不条理を感じ、人びとの不安や怒りに接して、地元のために存在する報道機関の責務を理解していく。その過程がとても興味深かった。

彼らを支え、育てた組織のありようも重要だ。取材班というチームで動く新聞社でも、基本的に取材者は一人のテレビ局でも、独自の報道や気骨ある作品の背景には必ず、現場を信頼し自由な取材と表現を許容する「内部的自由」があった。

何をどう報じるか社内で議論になり、異論や批判が生じることも当然ある。そういう時にも「自分が責任を取る」「納得いくまで取材しろ」と言える、然るべき立場の者が一人でもいるかどうか。コンプライアンスやコスト削減という名の下、多くのマスメディアが管理主義を強めていく中、本書に紹介した事例はどれも「本当にそれでいいのか」「ジャーナリズムの役割を果たせるのか」と問いかけているように思える。

†地方メディアの強みと課題、そして将来

では、地方メディアはこの先どうなっていくのか。どうあるべきなのだろうか。地方紙記者の大先輩に話を聞いてみた。

「社会の不公正や歪みというものは、しわ寄せを受ける周縁部からまず現れる。それは必ずしも地理的な意味だけじゃなく、人が暮らしている足下という意味でね。地方の記者はもともと足下の現場に近いところにいるから、社会の矛盾に気づきやすい。そこが本来の強みであるはずなんですが……」

元北海道新聞記者の高田昌幸さん。北海道警の裏金問題を徹底追及し、全国に波及させた後、故郷の高知新聞へ移り、現在は東京都市大学教授。同時に調査報道グループ「フロントラインプレス」の代表として自ら取材活動を続けながら、ネット時代の報道やメディアのあり方を探っている。

地方紙の優れた連載を集めて『日本の現場　地方紙で読む』という書籍をこれまで3冊編集し、BPO（放送倫理・番組向上機構）では放送倫理検証委員会の委員も務める。今も全国の地方紙をよく読んでいるという高田さんは、こんな例を挙げる。

「過疎や高齢化を象徴的に表す「買い物難民」という言葉がありますよね。最初に報じた

のはどこかわかりますか。高知新聞です。同時期に少し遅れて宮崎日日新聞、さらに山形新聞と続いた。２００８年に研究者による書籍が出て広く知られる前のことです。

今注目しているのは「孤独焼死」。21年春に高知新聞で読んだ言葉です。山奥の集落で誰も気づかないまま家が全焼し、独り暮らしのお年寄りが亡くなっていた。通りかかった人が家がないことに気づいたのは、火も消えてずいぶん経った後でした。こういうことがこれから全国で起こってくると思う。東北、山陰、四国、南九州。こうした地方の現状は少子高齢化なんて生易しい言葉では表せない。「地方崩落」ですよ。足下から崩れ落ちるようなね。東京のメディアが伝える報道では、深刻さがまったく伝わらない」

全国メディアの地方支局からどんどん記者が減り、地域をフォローできなくなっていることは秋田魁の松川記者が指摘していた。今のところ地方メディアが踏ん張ってはいるが、地方のニュースは基本的にその地方に住む人にしか伝わらない。だから全国で同様の現象が起きていても問題が広がらない。ネット社会になって発信手段は増えたが、多くの記事は有料会員にならないと読めない。ポータルサイトに提供してページビューを稼ぐのは事件事故やスポーツなどの短い記事ばかり。その結果、本当に重要なことは伝わらず、情報の東京一極集中がますます進んでいる。

「マスコミは大事な問題を報じない」という批判は、「半分正しく半分間違っている」と高田さんは言う。報じているのに広がらない。情報の流通経路がいびつなのだと。

これを解決する一つの方策は、先述したＪＯＤのように地方紙どうしが横のつながりを強め、共通の課題をキャンペーン的に報じること。次に、各地方メディアが「これは」と思うニュースをネットに無料で公開すること。収益よりも公益性の重視だ。

さらにもう一つ、高田さんが以前から構想していることがある。

「東京「で」地方紙を発行したいと昔から思っているんです。全国の地方紙を横断的に眺めれば、日本の課題が見えてくる。それを書籍の形にしたのが『日本の現場』でしたが、これからはネットにそういう場を作っていけないかと……」

人口が減少し、メディアの形態も変わっていく中で、地方メディアの企業としての未来は決して明るいとは言えない。今後10年以内に、いや厳しい見方をすれば数年内にもメディア企業間の買収や統合・再編は起こってくるだろうと高田さんは予測する。新聞は紙にこだわらず、テレビも地上波にとどまらず、デジタル企業へ積極的に変わっていくべきだという。実際、各社ではすでに「ＤＸ（デジタル・トランスフォーメーション）」の掛け声が喧しく、生き残りをかけてさまざまな模索が行われている。

だが、個々の記者が問うべきは「本当に必要とされるニュースを届けているか」「読者・視聴者の信頼を得られる取材・報道をしているか」だろうと高田さんは指摘する。

「地方メディアの記者でも、県庁や県警の記者クラブに陣取り、役所の職員や警察官とばかり付き合って、広報に頼った仕事をしているだけでは存在意義がない。もっと地元のコミュニティに入って行って日頃からさまざまな人間関係を築くこと。そうすれば、たとえば今、主婦が何に困っているか、地域で何が問題になっているかが見えてくる。

取材も記者だけがするのではなく、専門家や市民と一緒にすればいいと私は考えているんです。取材プロセスのオープン化はメディアが信頼を得るための大命題ですが、その究極の形は、社会の中にいるさまざまな分野のプロを見つけて、取材のパートナーとして巻き込んでいくことだと思う。地域の生活の現場に近い地方メディアだからこそ、できることじゃないでしょうか」

高田さんの話を聞くうちに本書の取材で出会った記者たちの顔が次々と浮かんできた。政府が「地方創生」を唱えても、コロナ禍で地方移住が推奨されても、人口減少と首都圏をはじめとする都市部への偏在は今後も進むだろう。ニュースや情報の中央目線はますます強まり、地方の現実は見えづらくなっていくのだろう。だからこそ、地方メディアの存在が重要になる。彼らは衰退を嘆くばかりの悲観論や冷笑に陥らず、現場で格闘を続けている。足下の課題や疑問を発掘し、解決・改善するために何ができるか模索し続ける。

その姿を、状況に対する「逆襲」と捉え、本書のタイトルとした。

「地方にこそジャーナリズムが生きている」というのは私の願望を含む仮説だと最初に書いた。その仮説を証明するために各地を訪ね歩きながら、私は「尊敬するべき仲間がここにもいる」と勝手に同志意識を抱いていた。新聞社という組織を離れて久しいが、自分もまた彼らと同じ地方の記者であるという思いを強くした。自らの本分を再確認する旅になった。

本書の企画は、筑摩書房の橋本陽介さんとの数年越しのキャッチボールの中から生まれてきた。私が2015年に出版した『誰が「橋下徹」をつくったか』が、在阪メディアの状況を批判的に描いた本だったこともあり、「では、信頼できる報道機関や記者とは何か」を示したいと考えたのだった。私の仕事の遅さにコロナ禍も重なり、当初の想定よりかなり長い時間がかかってしまったが、自分の原点を見つめ直す機会をいただけたことに深く感謝している。

2021年10月

松本創

ちくま新書
1623

地《ち》方《ほう》メディアの逆襲《ぎゃくしゅう》

二〇二一年一二月一〇日　第一刷発行

著　者　松本　創（まつもと・はじむ）
発 行 者　喜入冬子
発 行 所　株式会社　筑摩書房
東京都台東区蔵前二-五-三　郵便番号一一一-八七五五
電話番号〇三-五六八七-二六〇一（代表）
装 幀 者　間村俊一
印刷・製本　三松堂印刷　株式会社

ISBN978-4-480-07445-4 C0295

1168
「反戦・脱原発リベラル」はなぜ敗北するのか
浅羽通明

楽しくてかっこよく、一〇万人以上を集めたデモ。だが原発は再稼働し安保関連法も成立。なぜ勝てないのか？勝ちたいリベラルのための真にラディカルな論争書！

1190
ふしぎな部落問題
角岡伸彦

もはや差別だけでは語りきれない。部落を特定する膨大なネット情報、過敏になりすぎる運動体、同和対策事業の死角。様々なねじれが発生する共同体の未来を探る。

939
タブーの正体！
――マスコミが「あのこと」に触れない理由
川端幹人

電力会社から人気タレント、皇室タブーまで、マスコミ各社が過剰な自己規制に走ってしまうのはなぜか？『噂の眞相』元副編集長がそのメカニズムに鋭く迫る！

1225
AV出演を強要された彼女たち
宮本節子

AV出演を強要された！　そんな事件が今注目されている。本書は女性たちの支援活動をしてきた著者による初の報告書。ビジネスの裏に隠された暴力の実態に迫る。

1253
ドキュメント　日本会議
藤生明

国内最大の右派・保守運動と言われる「日本会議」。改憲勢力の枢要な位置を占め、国政にも関与してきた。謎めいたこの組織を徹底取材、その実像に鋭く迫る！

1371
アンダークラス
――新たな下層階級の出現
橋本健二

就業人口の15％が平均年収186万円。この階級の人々はどのように生きているのか？　若年・中年、女性、高齢者とケースにあわせ、その実態を明らかにする。

1472
山口組の平成史
山之内幸夫

最大組織・山口組。その金・人・活動の実態は平成の31年間でどう変わったのか。元顧問弁護士がバブル期の経済ヤクザから、分裂の現在までを解き明かす。

ちくま新書

399
教えることの復権
大村はま
苅谷剛彦・夏子

詰め込みかゆとり教育か。今再びこの国の教育が揺れている。教室と授業に賭けた一教師の息の長い仕事を通して、もう一度正面から「教えること」を考え直す。

1337
暴走する能力主義
——教育と現代社会の病理
中村高康

大学進学が一般化し、いま、学歴の正当性が問われている。〈能力〉のあり方が揺らぐ現代を分析し、私たちが生きる社会とは何なのか、その構造をくっきりと描く。

1451
大学改革の迷走
佐藤郁哉

シラバス、PDCA、KPI……。大学改革にまつわる政策は理不尽、理解不能なものばかり。なぜそういった改革案が続くのか？　その複雑な構造をひもとく。

1549
日本の教育はダメじゃない
——国際比較データで問いなおす
小松光
ジェルミー・ラプリー

「いじめや不登校」「ゆとり教育の失敗」……日本の教育への数々の批判は本当なのか？　気鋭の2人が国際比較データを駆使して教育問題に新たな視点を提供する。

1014
学力幻想
小玉重夫

日本の教育はなぜ失敗をくり返すのか。その背景には、子ども中心主義とポピュリズムの罠がある。学力をめぐる誤った思い込みを抉り出し、教育再生への道筋を示す。

1212
高大接続改革
——変わる入試と教育システム
山内太地
本間正人

2020年度から大学入試が激変する。アクティブラーニング（AL）を前提とした高大接続の一環。では、ALとは何か、私たち親や教師はどう対応したらよいか？

1047
公立中高一貫校
小林公夫

私立との違いは？　適性検査の内容は？　どんな子どもが受かるのか？　難関受験教育のエキスパートが、徹底した問題分析と取材をもとに、合格への道を伝授する。

ちくま新書

294
デモクラシーの論じ方 ——論争の政治
杉田敦
民主主義、民主的な政治とは何なのか。あまりに基本的と思える問題について、一から考え、デモクラシーにおける対立点や問題点を明らかにする、対話形式の試み。

465
憲法と平和を問いなおす
長谷部恭男
情緒論に陥りがちな改憲論議と冷静に向きあうには、そもそも何のための憲法かを問う視点が欠かせない。この国のかたちを決する大問題を考え抜く手がかりを示す。

655
政治学の名著30
佐々木毅
古代から現代まで、著者がその政治観を形成する上でたえず傍らにあった名著の数々。選ばれた30冊は混迷を深める時代にこそますます重みを持ち、輝きを放つ。

905
日本の国境問題 ——尖閣・竹島・北方領土
孫崎享
どうしたら、尖閣諸島を守れるか。竹島や北方領土は取り戻せるのか。平和国家・日本の国益に適った安全保障とは何か。国防のための国家戦略が、いまこそ必要だ。

960
暴走する地方自治
田村秀
行革を旗印に怪気炎を上げる市長や知事、地域政党。だが自称改革派は矛盾だらけだ。幻想を振りまき混乱に拍車をかける彼らの政策を分析、地方自治を問いなおす！

984
日本の転機 ——米中の狭間でどう生き残るか
ロナルド・ドーア
三〇～四〇年後、米中冷戦の進展によって、世界は大きく変わる。太平洋体制と並行して進展する中東の動きを分析し、徹底したリアリズムで日本の経路を描く。

997
これから世界はどうなるか ——米国衰退と日本
孫崎享
経済・軍事・文化発信で他国を圧倒した米国の凋落が著しい。この歴史的な大転換のなか、世界は新秩序を模索し始めた。日本の平和と繁栄のために進むべき道とは。